AF450832

DÉLÉGATIONS OUVRIÈRES

A l'Exposition universelle de Londres en 1862

RAPPORTS

DES DÉLÉGUÉS

DU BRONZE

Ciseleurs, Tourneurs et Monteurs

PUBLIÉS PAR LA COMMISSION OUVRIÈRE

Paris, 50 centimes. — Départements, 60 centimes

PARIS

SE TROUVE RUE BOUCHER, 6,

Chez les Membres de la Commission ouvrière

et chez les Délégués.

1863

DÉLÉGATIONS OUVRIÈRES

A l'Exposition universelle de Londres en 1862

RAPPORTS

DES DÉLÉGUÉS

DU BRONZE

Ciseleurs, Tourneurs et Monteurs

PUBLIÉS PAR LA COMMISSION OUVRIÈRE

Paris, 50 centimes. — Départements, 60 centimes

PARIS

SE TROUVE RUE BOUCHER, 6
Chez les Membres de la Commission ouvrière
et chez les délégués.

1863

NOTE DE LA COMMISSION OUVRIÈRE

A l'appel fait par la Commission aux ouvriers de Paris, pour faire nommer des délégués par le suffrage universel pour aller étudier les produits exposés à Londres, quelques ouvriers du bronze, monteurs, ciseleurs et tourneurs, prirent l'initiative dans la corporation pour faire nommer le bureau électoral à l'élection; cette Commission, qui prit le nom de Commission d'initiative, fut composée de MM. Fournier, tourneur; Coura, tourneur; Laugrené, ciseleur; Frichot, monteur; Bardot, monteur; Vespierre, monteur; Kin, monteur; Davaud, tourneur; Prodhomme, tourneur; Ribot, tourneur; De Baumon, ciseleur; Perrachon, monteur; Vallier, ciseleur; Renard, monteur. Le bureau électoral nommé par un vote fait dans chaque atelier fut composé de MM. Jamme aîné, président; Hardy, vice-président; Beth (Maxime), trésorier; Charon, secrétaire; Morisset, Daragon, Petit, Lenieff, Staïl, Boiteux, Doigniss, Médoz, Leroux (Auguste), Rigolet, Reusse, Quignard, assesseurs; qui ont fait procéder aux élections avec cette entente et cet ordre parfait qui ont prouvé que les ouvriers étaient capables de faire leurs propres affaires, et qu'ils savaient jouir dans de sages limites des bienfaits de la liberté. C'est là un précédent qui, nous l'espérons, nous aura ouvert la voie pour conquérir de nouveaux progrès.

Nous saisissons l'occasion de la publication du rapport des délégués pour adresser une juste part d'éloge à tous les membres de la Commission d'initiative et du bureau électoral, ainsi qu'à ceux des ouvriers de la corporation, qui, comprenant toute l'importance des délégations ouvrières, ont prêté leur concours à cette œuvre qui sera comptée comme une étape dans le chemin de l'avenir.

La souscription organisée par le bureau électoral
a produit . . . . 344 fr. 05
Dépenses pour circulaires, etc. . . . . 38 »

Versé dans la caisse de la Commission ouvrière . 306 fr. 05

Les Membres de la Commission ouvrière,

CHABAUD, président, rue Dauphine, 34;
WANSCHOOTEN, vice-président, rue Doudeauville, 35;
GRANDPIERRE, secrétaire, rue de la Chopinette, 36;
DARGENT, rue Montmorency, 5.

RAPPORTS

DES DÉLÉGUÉS

DU BRONZE

AVANT-PROPOS

En commençant ce compte rendu du mandat qui nous a été confié, nous devons faire connaître tout d'abord dans quelles conditions nous avons été appelés à le remplir et dire aussi comment nous l'avons compris.

On sait que la durée du voyage de chaque délégation était fixée à dix journées; mais le moment de notre départ pour l'Angleterre et le temps du séjour à Londres se sont combinés de telle sorte que la plupart d'entre nous n'ont pu visiter l'Exposition que quatre fois seulement, c'est-à-dire à peu près la somme de temps nécessaire pour se familiariser avec la distribution si compliquée de ce vaste édifice et pour découvrir les spécialités qui appelaient notre attention au milieu d'une profusion aussi grande de produits si divers.

Par là on peut voir déjà combien doit être incomplet un travail qui, pour avoir quelque valeur, eût exigé plusieurs semaines de recherches assidues.

D'autre part, nos mandants n'ont pas eu l'intention, croyons-nous, de choisir des juges experts chargés de rendre des arrêts et de décider du degré de mérite des œuvres d'art que nous avions à examiner. Pourtant, on n'a pas cru devoir s'astreindre à une réserve trop grande sur ce point. Mais, tout en émettant à l'occasion — chacun à sa discrétion — une opinion sur des sujets aussi scabreux, nous n'avons pas non plus oublié que notre rôle avait surtout pour objet d'examiner l'état du travail dans les ouvrages étrangers, d'en rechercher le mode, les moyens d'exécution, d'en indiquer les points de divergence; en somme, recueillir des renseignements et formuler des appréciations pratiques intéressant nos professions et notre industrie, telle était, pensons-nous, notre mission, tel est le but que nous nous sommes proposé.

C'est pour nous une tâche déjà si ardue d'exprimer nos jugements, de les formuler en langage supportable, qu'il faut nous passer au moins un peu de désordre et de prolixité. Ajoutons encore qu'écrivant en vue du public, nous avons dû entrer dans certains détails bien inutiles, sans doute, pour bon nombre de lecteurs.

Enfin, dans la donnée du programme tracé par la *Commission ouvrière*, nous avons pris à cœur de justifier la confiance de nos mandants, nous estimant heureux et suffisamment récompensés si nos efforts sont de quelque utilité pour nos camarades et pour le bien général.

Notre travail est divisé en deux parties principales : 1° examen et appréciation comparative de l'exposition de chaque nationalité par les délégués ciseleurs : remarques, observations au point de vue artistique, industriel et professionnel, considérations générales et particulières, vœux, améliorations recommandées; 2° examen par les délégués tourneurs et monteurs, appréciations sommaires et particulières à chacune des deux spécialités et à chaque spécialité de produits; remarques, observations, supériorité et infériorité relatives, etc.; résumé, conclusion, considérations générales, vœux, améliorations réalisables ; corporations nouvelles syndicales, association de travailleurs.

PREMIÈRE PARTIE

ANGLETERRE

Puisque l'on nous a envoyés à l'Exposition pour rechercher la vérité, disons de suite qu'en Angleterre notre profession, quand elle touche à l'art, y est plus encouragée que chez nous.

En France, l'aristocratie ou plutôt les grandes fortunes semblent depuis longtemps se résumer dans les courses de chevaux, et quand le cheval de M. X. est arrivé d'une tête avant celui de M. Z., tout va pour le mieux.

En disant cela, on a le cœur serré, parce qu'il fut un temps où l'élite des artistes français dans notre art n'était pas obligé de se mettre à la solde des manufactures étrangères, de faire concurrence à notre pays; à notre pays, qui semble ne pouvoir faire vivre des forces qui contribuent à sa réputation et à sa prospérité, des forces qui devraient y trouver peut-être plus que toute autre un encouragement.

Le genre descriptif, quand il porte sur tant de détails, offre de grandes difficultés pour être bien compris, et nous éprouvons un réel embarras à cette question si controversée : l'Angleterre est-elle dans un progrès aussi avancé que l'ont prétendu certains appréciateurs? Juges compétents et loyaux, avant de mettre les quantités d'orfévrerie anglaise dans la balance, nous sommes obligés de dire ceci :

Que le jury international ait jugé les produits sous le pavillon de la nation qui les exposait, c'était son affaire; mais, pour nous ouvriers, il en est autrement : un produit de France, sous quelque drapeau qu'il se trouve, est un produit français. L'acquisition ne peut pas constituer autre chose que la propriété, ou bien alors, à Londres, le vin de Bordeaux serait un vin anglais.

Le vase *les Titans*, de Vechte, fait à Paris il y a quinze ans (où il figura même à une exposition des beaux-arts), n'est pas devenu un produit anglais parce que la maison Hunt l'a acheté et qu'elle l'expose.

Ce que nous disons pour le vase les Titans s'applique également à l'élite des pièces exposées par la maison Hunt et Raskell. Ces pièces ont été ciselées, soit en France, soit en Angleterre, mais toujours par des ciseleurs français, damasquinées à Paris ou par des artistes déplacés à cette occasion.

Nous parlons ainsi parce qu'il faut, selon nous, bien distinguer les produits du travail de ceux de l'argent. Quoi! parce que des Français travaillent en Angleterre, s'ensuit-il qu'eux et leurs produits soient incarnés à la nation qui les occupe? Est-ce que Rosso, Primatice, Cellini, sont des Français parce qu'ils produisirent des œuvres à la cour de François Ier? Non, mille fois non. Vasari, en écrivant l'histoire de ces grands artistes, les a-t-il retranchés de la famille italienne, ou seulement de l'art florentin, parce qu'ils avaient travaillé hors frontière? Encore une fois, non.

Ce que nous disions pour la maison Hunt, disons-le aussi pour la maison Elkington, de Birmingham. Les pièces remarquables de cette maison ont été faites par qui? Par nos camarades Morel-Ladeuil, Hubert, Maleski, A. Sauve, Joseph Bourdoncle et Godon; ajoutons que la figure ronde-bosse qui couronne le plateau de la table de Morel-Ladeuil a été repoussée à Paris chez M. Wiese.

Nous ne disons pas cela pour diminuer le mérite de cette pièce, mais parce que, à notre sens, on a exagéré les progrès de la ciselure anglaise en donnant trop souvent comme produits anglais des choses dont les grandes difficultés ont été vaincues à Paris ou par des hommes venus de là à cet effet.

Nous pourrions citer des ouvrages faits de toutes pièces *par nous-mêmes*, achetés à Paris et exposés dans les vitrines de l'orfèvrerie anglaise.

Passons au progrès du bronze. Le nôtre, unique d'élévation, de grâce, de fini, a perdu du terrain, non en réalité, mais en apparence; il a été classé dans la section de la quincaillerie!... Cette dernière industrie étant très-considérablement représentée en Angleterre, il s'ensuivit qu'en nombre relatif dans la distribution des récompenses, nous eûmes l'air d'avoir le dessous lorsque nous étions les premiers bronziers du monde. Et dans cette section de quincaillerie, le bronze anglais y fit-il preuve du progrès tant vanté? Cela se passa à peu près comme pour l'orfèvrerie.

Dans les bronzes dorés d'ébénisterie, les plus beaux étaient surmoulés sur des meubles français et même sur ceux de Trianon.

Bronze de cheminée. — Dans la maison Coalbrookdale Company, les beaux sujets étaient modelés par les sculpteurs français Carier, Mène, Fratin, Gecter, et un modèle de cerf bien connu de nous, qui en avons ciselé dans le temps. Lorsque nous demandâmes si cela était de la sculpture anglaise, le représentant de la maison nous répondit très-sérieusement : Oui, messieurs. Même réponse nous fut faite pour un candélabre avec des enfants grands comme nature, et qui a été fait par Carier.

Voyons le progrès dans le grand bronze.

C'est chez M. le baron Marochetti, sculpteur, que l'on en fait le plus. Eh bien, là aussi, fondeurs, monteurs, ciseleurs, contre-maîtres sont Français.

Nous bornerons là nos citations, qui peuvent sembler peut-être un peu aigres, mais nous manquerions à notre devoir si nous ne disions ce qui est.

L'Angleterre a assez de côtés forts pour que nous puissions dire hautement cette vérité : A l'exposition de 1862, la ciselure française n'a pas eu de rivale, et l'étranger concurrent, en s'emparant à force d'argent de nos hommes d'élite, a sanctionné lui-même la supériorité du travail de notre nation. Quant à présent, la ciselure française n'est pas en danger de concurrence étrangère, ni pour les prix de revient ni pour la perfection du travail.

Mais que cela ne nous fasse pas reposer dans une sécurité trop grande. L'école de Kensington, par un rayonnement bien compris, donne en Angleterre l'enseignement du dessin à 85,000 élè-ves. D'autre part, les Anglais ont une persévérance qui nous fait souvent défaut, et il se pourrait qu'à un moment donné, avec les grands sacrifices qu'ils savent faire, nous ayons en face de nous un concurrent très-sérieux.

Un véritable progrès des Anglais, c'est d'aborder par l'art, et cela franchement, l'histoire de leur pays. Si le résultat n'est pas toujours heureux, il peut le devenir. Pour nous, plus anciens dans la pratique que les Anglais, si nous sommes forts au point de vue de l'esprit, du travail, et surtout du sentiment, ayons le courage de le dire; quoique nous ayons prononcé le mot esprit, au point de vue de l'idée, il faut bien le reconnaître, les sujets que nous traitons nagent la plupart du temps au milieu du faux.

Quoi! en ce siècle bien autrement héroïque dans ses résultats que les siècles si vantés de l'antiquité, nous en sommes encore à une sorte de mythologie niaise, hors de saison! Au lieu de parler au cœur et d'exciter l'émulation des choses véritablement grandes, nous faisons comme les Florentins de la Renaissance, nous parlons à l'œil, aux sens, et non à l'esprit! Quand serons-nous donc de notre époque?

EXPOSITION ANGLAISE

L'Angleterre, à proprement parler, n'a pas de style dans l'art, ou plutôt son style est bâtard : étrusque, pompéien, anglo-romain, néo-grec mauvais goût. Cela soit dit aussi pour la *manière*, prise de tous côtés, qui a nom *Elisabethan*. Les œuvres du crû sont ce que nous nommerions en France *bourgeoises*. Pour commencer par une pièce très-réputée, exposée quoique n'étant pas de fabrication récente, le célèbre *Bouclier d'Achille*, modelé par le célèbre Flaxmann, ce bouclier en or repoussé est une vilaine chose, et nous éprouvâmes une véritable déception devant ce morceau que nous ne connaissions que par la renommée qu'on lui fait et qu'il est loin de justifier.

Ce bouclier est construit avec des plans solides comme bas-relief, mais lourds, lourds partout. La musculature, engorgée dans ses attaches, manque de ce que l'on est convenu d'appeler du nerf.

Comme sculpture décorative, son ampleur irait peut-être à de la sculpture de monument; mais, en métal, ce morceau n'a pas assez de nuances et de finesse. Au point de vue du travail de repoussé, le mat à la roulette le tue sous une monotonie qui n'est telle que parce qu'elle n'a qu'une note.

Cette traduction d'un sujet décrit dans l'*Iliade* d'Homère ne rend pas, selon nous, la pensée du vieux poëte grec, qui en faisait mythologiquement le chef-d'œuvre de Vulcain.

L'antique costume que Flaxmann connaissait si bien est la seule chose peut-être contre laquelle on n'ait rien à dire.

ORFÉVRERIE

La maison Hunt et Roskell avait dans son exposition quinze années du travail de Vechte, de sa fille, de son gendre, M. Muleret père, et des hommes forts qui ont aidé Vechte dans ses travaux. Beaucoup de choses aussi dont les plus élevées en art étaient de mains françaises.

C'est ici le lieu de prier nos camarades de tenir compte du peu de temps que nous avions pour décrire de telles quantités; les quatre jours de visite que nous eûmes à l'exposition (à travers une foule dont la moyenne était de 56,000 à 64,000 visiteurs par jour) étaient insuffisants pour décrire tant de choses.

Revenons à la vitrine de MM. Hunt et Roskell, et disons que, telle qu'elle était, cette vitrine n'avait pas sa pareille à l'exposition.

En tenant compte des réserves toutes françaises que nous avons posées plus haut, abordons l'œuvre de Vechte.

Il serait honteux pour nous, ses contemporains, de nous livrer, comme on l'a toujours fait, à l'admiration des morts seulement. Disons-le, et cela le plus loin que pourra porter notre voix, Vechte est un homme de génie.

Nous reconnaîtrons en temps et lieu la part de mérite que chacun a, selon ses œuvres, dans la grande ciselure française; mais puisque nous en sommes à Vechte, disons qu'en fouillant dans les précieuses collections anglaises et dans les nôtres nous n'avons jamais rencontré de ciselure ayant cette puissance que possède uniquement la science. Il a des défauts; mais qui n'en a pas?

Dans les arts, où l'imagination joue le plus grand rôle, nous relevons tous de notre tempérament. Ses inégalités sont rachetées par des beautés de premier ordre. Sans doute, il y a des choses que nous ne voudrions pas voir, mais on les oublie bientôt devant les hautes qualités qui les rachètent. Son œuvre n'est pas une œuvre de patience : ce qui nous fait l'admirer, c'est le souffle audacieux, puissant, frais et suave, se promenant sur tout ce qu'il touche.

Ceux qui ont vu cette femme nue et accroupie, les cheveux déroulés aux vents, sur la panse du vase de son grand candélabre, conviennent qu'ils ne sauraient à quoi comparer cette œuvre; Vechte est le premier qui ait été décoré pour la ciselure, et c'était justice. Ce qu'il sut faire aussi, 'il ne laissa pas absorber son nom par les entrepreneurs de ciselure, il signa luimême ses œuvres. Les hommes forts de la renaissance s'appelaient et se nomment encore par leurs noms ; les hommes forts de notre époque s'appellent trop souvent du nom des marchands pour lesquels ils travaillent et que l'on récompense pour eux.

Comme style, le radical de Vechte est assez difficile à déterminer ; c'est une sorte d'éclectisme qui suit de préférence les graveurs allemands du seizième siècle, Goltzius surtout, qui étudia beaucoup Michel-Ange et le maniéra ; Spranger, qui suivit la voie de Goltzius. Vechte prend aussi parfois son bien où il le trouve, comme disait Molière. Mais une remarque curieuse à faire comme étude, c'est de voir à l'Exposition les hommes forts dans notre art ne pas procéder avec les styles de leur pays : l'Italien essayer du Louis XVI, l'Anglais du pompéien, l'Allemand une sorte de gréco-allemand, et le repoussé français se servir du florentin allemand des vieux graveurs.

Maison *Elkington*. — Dans cette lutte des artistes français en Angleterre, la maison Elkington, en la personne de MM. Morel-Ladeuil, suit d'assez près la maison Hunt et Roskell.

Comme style, M. Morel-Ladeuil relève aussi, dans beaucoup d'endroits, de la gravure allemande, mais pas précisément comme Vechte, et nous ne pensons pas nous tromper en disant que dans les quelques vases de M. Morel-Ladeuil il y en a que M. Vechte pourrait signer sans compromettre sa réputation ; c'est le plus bel éloge que nous en puissions faire. Si M. Ladeuil n'a pas toujours ce souffle qui met M. Vechte souvent hors de comparaison, il a parfois des qualités que ne possède pas toujours le grand maître ; ses masques, en général, sont mieux réussis ; son dessin, quelquefois un peu moins épique, n'a pas non plus ces incorrections de proportions qui sont les seules taches du grand talent de M. Vechte. De là est venu pour quelques-uns cette opinion, que nous ne partageons pas, que M. Morel-Ladeuil était plus fort que Vechte. Ce n'est pas en examinant les défauts de M. Vechte que nous lui donnons une place unique, c'est en regardant ses qualités, qui sont, nous l'avons dit, incomparables.

M. Morel-Ladeuil avait dans la vitrine Elkington une table en argent repoussé qui était son chef-d'œuvre de l'année.

Cette pièce, mal exposée lorsque nous la vîmes, était au milieu d'une vitrine dont la toiture n'était guère transparente et qui enlevait au bas-relief de la vasque le jour sans lequel la sculpture, le bas-relief surtout, ne sont plus. On nous permit d'entrer, et nos remarques, bien que précipitées à cause de l'affluence, sont les suivantes :

Les trois figures sur le patin sont de bien belles choses. Elles représentent, sous l'influence d'un heureux songe, le sommeil du guerrier, du musicien, de l'agriculteur. Deux de ces figures ont été ciselées par Adolphe Hubert, et le guerrier l'a été par M. A. Sauve ; dans toutes les trois les difficultés de l'exécution sont habilement vaincues : le sentiment, le modelé, le dessin ne nous inspirèrent que des éloges. La tige formant le support, ornée de pavots bas-relief, est aussi à la hauteur des belles choses de la ciselure française. Cette partie de l'ornement a été traitée par A. Sauve. La vasque, qui est de M. Ladeuil (ciselure), contient une ronde de l'influence des songes heureux : la Folie, la Fortune, Cupidon, la Mélodie, la Musique, etc., etc., le tout surmonté d'une gracieuse figure de femme (ronde-bosse) représentant la déesse du Sommeil répandant des pavots. Cette jolie et chaste figure est très-bien.

Le bas-relief de la vasque manque un peu à l'entente des plans ; il n'est pas grec, il n'est pas florentin, il n'est pas original ; il a de charmants détails de composition et d'exécution, mais nous regrettons que M. Ladeuil, qui est un homme de goût, ne se soit pas plus pénétré de la nécessité où il était de rompre ses lignes de groupes et de détails ; nous voulons dire (et que l'on nous pardonne de prendre des chiffres pour comparaison) que si, mettant à cent les lignes de la construction totale de son sujet, il y a, en draperies, plis, jambes, bras, profils de torses, guirlandes, etc., plus de quatre-vingts pour cent de ces lignes qui ont la même inclinaison, c'est trop. Les ornements d'entourage sont très-bien. En somme, cette table est une très-belle chose, que nous ne comptons que par forme adoptée dans les produits anglais, sans préjudice des réserves antérieurement émises.

La maison Hancock avait de très-jolis objets, dont plusieurs avaient du genre français dans la facture, ciselés par Leger père et fils, la maison Garard aussi, et beaucoup d'autres maisons ayant des quantités de choses bien ou mal que nous ne saurions traiter en détail, vu leur grand nombre et le peu de temps que nous avions pour notre examen. Du reste, cette étude n'amènerait aucun résultat nouveau, la ciselure française étant supérieure à toutes les autres.

Nous réunirons l'orfévrerie anglaise en un groupe unique, nous pourrions dire colossal, car la quantité des pièces anglaises égalait peut-être, en nombre, le bronze français exposé.

Nous qui avons vu les expositions de Londres de 1851, de Paris en 1855, puis enfin celle de 1862, nous nous sommes posé cette question :

Le contact de la ciselure française a-t-il fait progresser la ciselure anglaise? Pour certains détails insignifiants nous répondons : oui ; pour les œuvres exposées de toutes pièces, faites par la ciselure anglaise, nous répondons : non.

Quelques essais ont été tentés, mais ils n'ont pas abouti.

M. Pairpoint, qui est un ciseleur anglais, avait des échantillons de son savoir-faire dans plusieurs vitrines, notamment chez M. James Mitchell, où nous avons remarqué un gigantesque pot à bière où les difficultés résidaient principalement dans la soudure ; le relief était haut, mais la forme, le modelé et le travail étaient détestables.

Il y avait autour de ce pot des chevaux à jambes détachées du fond qui étaient considérés par l'exposant comme un chef-d'œuvre hors ligne. Tout cela était, par le modelé, par la forme, une pauvre chose.

Un bouclier du même artiste dont le sujet était les cinq Sens : ce repoussé d'argent était ébauché d'une façon assez prudente, avait des prétentions au travail de Vechte, mais des prétentions seulement.

Un grand plateau placé en face du bouclier et dont le sujet représentait la mort de la reine Boadicia, dessiné et repoussé également par M. Pairpoint. Dans cette scène de massacre, le modelé, le dessin, la forme, l'entente des plans surtout, n'étaient pas ce qu'il y avait de moins à critiquer et à condamner.

Beaucoup de choses repoussées, ou passant pour l'être, ainsi que du fondu, étaient mieux que ce que nous venons de faire entrevoir ; il y avait dans les rondes-bosses plusieurs pièces assez serrées de forme et de modelé, mais dans le bas-relief, le domaine des hommes forts, rien.

Cette affreuse molette dont la ciselure anglaise abuse, monotonise tout. Ce qui fait surtout notre force, à nous, indépendamment de la forme, c'est la couleur, nous entendons dire *la variante* donnée à l'aspect du métal, la place sur laquelle nous travaillons n'ayant jamais l'exacte nuance des places qui l'entourent, et cela en conservant l'unité que notre expérience seule nous empêche de confondre avec la *monotonie*.

Nous arrêterons là nos remarques sur l'orfévrerie anglaise.

CISELURE DE BIJOUTERIE

La France seule fait bien ce que l'on est convenu de nommer *le petit*, soit ornement, soit figure.

CISELURE D'ARMES

Bien qu'il soit difficile, sans un air de partialité, de se rendre hommage à soi-même, les armes d'honneur et de luxe en Angleterre sont inférieures à la même spécialité en France, et cela de beaucoup.

Ce que nous disons pour les armes, nous le disons aussi pour les bronzes de foyer, pour les garnitures de meubles, de porcelaines, de lampes.

BRONZE D'ÉGLISE

Le bronze d'église anglais a des qualités, et bien qu'il en coûte à notre modestie de dire encore qu'il est inférieur à la même spécialité en France, nous dirons cependant qu'ils ont quelques jolies choses, d'un travail qui paraît facile ; beaucoup de feuilles tordues et rapportées.

Fondu ordinaire. — Le tout en style XIIIᵉ siècle, que les Anglais font assez bien ; les émaux des pièces, qu'on nous avait dit, à Paris, être un véritable émail, ne sont que des peintures au vernis, une sorte de cire à cacheter, ainsi que le prétendu émail des plateaux algériens, et de cela nous nous en sommes assurés nous-mêmes.

Arrivons au bronze. Peu de bronzes véritables, si ce n'est du grand bronze, dont nous parlerons dans un instant.

Dans les lampes, suspensions, articles du luminaire, quelques imitations de Paris, mais très-distancées par celles-ci.

Dans cette industrie, beaucoup d'estampés, du galvano, du clinquant aussi ; peu de ciselure, rien de saillant que le mauvais goût.

Statuettes. — Très-peu ; encore la plus grande partie est-elle signée par des sculpteurs de France.

GRAND BRONZE

Un Milon de Crotone ayant près de deux mètres cinquante

centimètres de haut. Cette figure, qui rappelle le faire de Michel-Ange, est traitée au mat partout ; elle est d'un bon effet, qui tient à l'anatomie, qui est savante, au modelé, qui est ferme et large.

Cette figure, modelée en 1827, par John Graham, ne fut coulée en bronze qu'en 1862, pour l'Exposition, pour laquelle on fit marcher l'arrière-ban des sculpteurs anglais. Disons cependant que cette figure pose plutôt qu'elle n'agit. Si l'on admire l'action bien rendue des muscles, du dentelé surtout, après un moment de réflexion on a peine à comprendre, on s'étonne qu'avec ce beau bras droit si irrité, qui est libre, qui d'un coup de poing broierait Hercule lui-même, on est étonné, disons-nous, que ce bon M. Milon se laisse dévorer la partie antérieure du col par ce loup qui n'a que l'apparence d'un chien de moyenne taille, qu'il se le cherche dans le dos, lorsque la douleur de la morsure lui indique si bien où est son ennemi, et cela dans un endroit où il lui est si facile de l'atteindre.

Une fontaine surmontée de la statue de la Tempérance, sorte d'ange qui fait boire une colombe dans le calice d'un nénuphar.

Cette très-jolie idée, simple de poésie, a le mérite de bien rendre ce que les fondateurs de la Société de Tempérance se sont proposé. Cette figure est très-jolie.

Il y avait aussi dans les places anglaises quelques beaux grands bronzes de M. le baron Marochetti, fondus, montés et réparés chez lui par nos camarades ; de ce nombre notre ami Morisot. Nous ne décrirons ni ces bronzes ni d'autres encore, notre but étant surtout de rechercher si, dans les travaux mis à l'Exposition, il y avait des moyens supérieurs à ceux dont nous nous servons et si nos concurrents sont plus ou moins redoutables.

Quant au bronze, on ne peut dire sérieusement que les Anglais soient nos concurrents ; mais ce semblant de fabrication leur sert à s'emparer du commerce de cette industrie pour écouler des produits français, en attendant qu'ils puissent faire mieux.

Leur orfévrerie constitue une industrie nationale et un commerce assez étendu, car la maison Elkington occupe 600 personnes et les fabriques d'orfévrerie sont nombreuses.

Par ce qui précède on peut voir que, dans cette lutte pacifique qui ennoblit moralement le travail, l'Angleterre a fait des sacrifices afin d'obtenir sa part de récompenses dans le triomphe industriel.

OUTILLAGE

La France étant en tête de la ciselure universelle, nous n'avons pas visité les ateliers : c'eût été inutile, et nous n'en aurions, d'autre part, pas eu le temps.

PRUSSE

La ciselure prussienne a des allures guindées, des prétentions à la gravité, au sérieux ; elle marche comme à une procession.

Le morceau ou plutôt les pièces constituant le testimonial présent de la ville de Berlin au mariage d'une des filles de la reine d'Angleterre avec l'héritier présomptif de la couronne.

Ce présent est composé de deux grands candélabres et d'une pièce centrale ; un vase en argent repoussé ou galvano, le tont étant complétement sous verre ; il nous a été impossible de nous en assurer.

On a regret d'être obligé de critiquer tant de choses, nous avons peut-être l'air d'avoir un parti pris ; cependant ce travail est de l'art qui ennuie, il n'a rien d'imprévu, le tout est empâté et manque de distinction ; si nous osions faire une comparaison, nous dirions que cela ressemble à un air chanté avec deux notes, rarement trois.

Le sujet, qui est l'arrivée de la reine présomptive, est presque mythologiquement arrangé, il rappelle l'Agamemnon (de Flaxman) ramenant Hélène après le siége de Troie.

Le jeune prince, casque en tête, costume d'Achille, conduit un char à l'antique. Sa jeune épouse est assise à côté de lui, le peuple pousse des vivat.

Le char est arrivé devant une sorte d'académie formée des plus illustres citoyens de la localité, représentant les arts qu'ils professent, tous en costume grec, tunique et manteau ; le vieux peintre Cornellius, Kaulbach, Liebig, en un mot les sciences et les arts ; Meyerbeer, l'auteur de *Robert le Diable*, joue de la lyre.

L'auteur de la ciselure a un marteau de ciseleur à la main. Tout cela est assez roide. Avons-nous, par tempérament surtout, des manières différentes de comprendre ce que l'on nomme le beau ? il faut le penser. Il y aurait sans doute une trop grande prétention à nous croire les plus près de ce genre d'absolu qui n'existe pas plus en art qu'en autre chose ; cependant nous ne voyons pas le beau comme la Germanie, et, cela dût-il passer pour une impertinence, nous ajoutons heureusement !

Le style de ce morceau est gréco-romain-allemand, aux tournures de Flaxmann, le dessinateur anglais ; et cependant, malgré cela, le ciseleur (qui a nom Gebrvollgold) est un homme de talent ; une série de portraits, comme ceux qui sont là en action, est toujours une grande difficulté, et pour tout dire les silhouettes

sont bien, le dessin est juste quoique lourd. Cette pièce d'orfévrerie était la plus colossale de l'Exposition.

Maison WAGNER, de Berlin. (*Orfévrerie.*) — Un bouclier est la
pièce capitale de cette maison, qui expose aussi beaucoup de
choses d'un goût baroque qui nous dispense d'en parler.

Quant au bouclier, il est bien établi de plans, mais les draperies manquent de souplesse. Le tout frise de bien près l'estampe, surtout les ornements qui entourent les sujets. Comme
draperie, il y a des choses d'une pauvreté incroyable; au premier coup d'œil, on semble pris par un certain jet, puis à l'in-
ventaire les draperies ne supportent plus l'analyse; nous expli-
querons plus loin à quoi cela tient. En conclusion, ce morceau
manque de ressort, de finesse dans le modelé; il est travaillé
plutôt comme de la pierre que comme de l'orfévrerie.

Les masques méplats sont généralement bien, mais les figures
ronde-bosse manquent de vie, elles sont lourdes; dans une
sculpture bien entendue, en ronde-bosse surtout, on ne doit jamais couper les jambes de ses figures pour les faire entrer dans
le cadre qu'on leur a destiné; cela se fait quelquefois en peinture pour des tableaux de chevalet, mais nous devons éviter
cela.

Le dessin ne manque pas d'une certaine correction, il est plus
libre aussi comme style que dans la pièce citée plus haut; il est
franchement du style des peintres germaniques.

Dans la même maison, nous avons vu un gobelet que l'on
nous a indiqué comme un chef-d'œuvre. Autour de la panse de
ce gobelet est représentée une scène de bacchanales; cette ciselure, repoussée d'argent, n'est pas plus avancée que celle que
l'on faisait en France en 1822; les coups sont durs, les formes
manquent de modelé, le travail est froid.

Le style de la Prusse est embarrassant à définir au point de
vue de l'orfévrerie. Il est généralement une idée grecque ar-
rangée à la manière allemande; ou une idée allemande qui reste
toujours mieux rendue lorsqu'elle emploie le style des peintres
du pays que lorsqu'elle arrange cette idée au plus bâtard de tous
les néo-grecs, frisant souvent de bien près le genre fait en
France sous Louis XVIII et que nous trouvons abominable.

BRONZE

La Prusse n'a pas ou presque pas de bronze de commerce.
Celui qui était à l'Exposition était en général l'œuvre de sta-
tuaires qui semblent avoir moins de préférence pour faire le
marbre que pour se faire couler en bronze. Au point de vue du
ciseleur, le bronze prussien n'a rien de saillant; comme travail,

c'est une ciselure ordinaire, rifflée partout, ridoursée par-dessus, d'imitation française, les cheveux mats, le tracé sec, dur même.

Tous les spécimens envoyés étaient à peu de chose près dans les mêmes conditions. De ce nombre une Chasse au lion d'Albert Wolf, sculpteur; une petite réduction du monument du grand Frédéric, et beaucoup d'autres choses sans intérêt pour nous.

ARMES

Décidément, et après l'avoir revu plusieurs fois, le sabre du roi de Prusse est une chose très-moyenne quant à la ciselure; des difficultés découpées à la scie, à la lime : affaire de patience seulement. Comme jet, rien; comme ciselure, pauvre, très-pauvre. La poignée du sabre est en fer.

La Prusse a de la fonte de fer de premier ordre. Nous disons cela à cause des choses délicates exécutées avec cette matière et qui sont souvent incrustées d'argent. Il y a au Louvre, en ce genre, deux candélabres donnés par le roi de Prusse au roi Louis-Philippe; de très-jolies petites choses également en fonte de fer, dont les Arts et Métiers ont des échantillons dans la galerie de métallurgie.

Devant les fontes de fer prussiennes, nous avons vu s'agiter la question de savoir s'il ne serait pas à craindre qu'un jour ce métal ne fît concurrence au bronze. Nous ne le pensons pas pour plusieurs raisons; la seule que nous émettions est que plus le fer est exposé à l'air, plus il s'oxyde et par conséquent plus il est laid; il en est tout autrement du bronze.

Nous avons dit plus haut que nous expliquerions certaines raisons du drapé allemand.

En Allemagne, pour beaucoup d'artistes modernes, l'art de draper se résume dans une douzaine de coups réguliers, systé-matisés en une sorte d'alphabet. Il y a des plis tout faits pour les bras, pour les épaules, des chutes convenues pour les tuniques et les manteaux; des espèces de tourbillons voltigent pour les draperies flottantes.

Nous avons eu en mains un exemplaire dessiné de ce genre de système; il avait été donné par une illustration artistique du pays à un ami, nous voulons dire que sa provenance n'était pas douteuse. Nous le confrontâmes avec des œuvres très-réputées et des gravures du pays que nous avions à notre disposition.

Cette confrontation fut un trait de lumière qui nous identifia aussitôt sur la cause de cette monotonie que nous trouvions, malgré le jet, à certaines œuvres allemandes, et dont nous n'a-vions pas pu nous rendre compte avant cette comparaison.

Le résumé que nous en tirons est celui-ci : ne systématisons jamais l'art ; que chez nous l'improvisation soit toujours en rapport exact du sujet traité.

ITALIE

L'Italie n'a rien de saillant en ciselure ; elle est même plus en retard que nous ne l'aurions pensé.

En bronze, presque rien.

En orfévrerie, une grande châsse reliquaire que nous regardons, au point de vue du travail, comme une chose très-ordinaire de commerce. Il vaudrait peut-être mieux dire qu'en ciselure l'Italie n'a pas exposé que de la juger sur un produit aussi faible que celui exposé par une autre maison. Qu'on s'imagine un petit monument à peu près de 80 centimètres carrés, tout compris, ayant la forme d'un piédestal, sur lequel est un morceau de colonne de même hauteur que le pied, le tout orné du plus drôle de style de Louis XVI qu'on puisse imaginer. Au sommet de tout cela, une statuette du plus fougueux rageur de la renaissance-Cellini ; sur les quatre faces du pied, des bas-reliefs représentant des épisodes de la vie de Benvenuto Cellini à la cour de François Ier. Ce morceau, qui est en argent au blanc sucre, avec des brunis clinquants par endroits, manque... de tout et révèle une grande inexpérience dans l'art. A propos de ce morceau, nous fîmes la remarque que le style dit Louis XVI, en orfévrerie, à l'Exposition de 1862, a été le style préféré, et cela de beaucoup, par des nations qui possèdent des styles propres. Pourquoi? Nous ne saurions le dire.

La réputation de l'orfévrerie française à l'étranger lui vaut-elle cette tendance concurrentielle à l'endroit des objets de table surtout? ou bien l'ébénisterie, qui a fait énormément de meubles Louis XVI depuis quelques années, en est-elle cause? Est-ce le désir qu'ont ordinairement les particuliers d'appareiller leur orfévrerie aux meubles qu'ils possèdent? Quoi qu'il en soit, si nous avons jamais un syndicat, c'est une question digne d'étude, que nous recommandons surtout à ceux qui, remontant ces grands courants industriels, font de belles choses, mais qui leur restent pour compte.

ARMES

Turin. — Le sabre du roi d'Italie n'est pas une belle chose; celui du général La Marmora est mieux, mais la disposition de la poignée est telle qu'on se demande comment on le met en la main.

Vicence. — Incrustation d'argent sur fer et lames d'épées. Cette ciselure, que nous nommons *ramalayée*, et qu'on ne fait plus guère en France, est d'un bon effet ; cependant, les figures sont ordinaires.

Pour conclure à l'endroit des armes, disons que tout cela est bien éloigné de ce qui se fait en France.

BIJOUTERIE

Rome. — Genre étrusque ; plusieurs copies d'objets de notre musée Campana, si bien imités qu'après les avoir vus nous n'oserions pas jurer que toutes les pièces de cette collection sont originales. Ce genre de bijoux ne comporte que peu de ciselure.

BELGIQUE

Bruxelles. — Le bronze belge n'a rien de remarquable quant à la manière, qui est une imitation distancée du bronze français.

Dans les spécimens exposés, il n'y a rien de saillant. La statue bronze (un Joueur de disque) est d'une exécution assez bonne. Cependant, il est à remarquer qu'en général, dans toutes les nations exposant du bronze, il n'y a guère que la statuaire qui soit d'une exécution convenable.

Nos fabricants français sont seuls en position de savoir la différence des prix de revient. L'absence de représentants pour les objets exposés ne nous a pas permis de nous renseigner à cet égard, malgré tout notre désir.

La Belgique a aussi des ciseleurs français, et, de plus, on l'accuse, à tort peut-être, de nous faire en sourdine sur les marchés une sorte de concurrence par des imitations et par des contrefaçons du bronze français.

La ciselure belge est plus commerciale qu'artistique.

ORFÉVRERIE

La maison J. Dufour, fournisseur du roi des Belges, et qui doit être la plus haute expression de la spécialité, expose une coupe représentant l'Histoire, les Arts, l'Agriculture, le Commerce et la Religion terrassant le Démon. Cette pièce, où l'on doit avoir employé les plus habiles ouvriers, manque de modelé et de coloris ; la ciselure en est monotone. En France, cette pièce passerait comme ciselure pour du bon commerce. Plusieurs théières, sucriers, pots à bière, de travail repoussé et fondu, de mauvais goût et d'exécution très-ordinaire.

Les fusils enrichis de ciselure exposés par la Belgique sont loin d'être à la hauteur de ce qui s'est fait de mieux en France dans ce genre,

RUSSIE

La Russie a du bronze, de l'orfévrerie, de la bijouterie, du repoussé, et surtout du nielle, ce dernier mieux fait que chez toute autre nation.

Son école de sculpture, malgré certaines figures prises directement au style de la France, a, comme genre, une individualité de beaucoup d'ampleur et que n'ont pas les autres nations. Dans certains morceaux, on reconnaît en ciselure les mains françaises des camarades qui sont là-bas; mais, dans beaucoup de pièces, ils sont *eux*, ils ont un style qui leur est propre.

Le radical du style est le byzantin *russianisé* (que l'on nous pardonne le mot!). Le faire des Russes est large; ils ne s'amusent pas à certaines naïvetés de mauvais goût que l'on retrouve dans d'autres nations. Leur nielle est de première force et n'est dépassé par personne, pas même par la France; il est surtout solide, si solide que, par un tour de main à eux, ils en font des cuillers à punch.

Pour nos jeunes camarades, nous dirons que le nielle est un travail d'origine florentine. Le nielle est un sulfure d'alliage d'argent, de cuivre et de plomb, le tout très-noir et coulé dans des dessins champ-levé sur l'argent, affleurés à la lime ou à la pierre, puis polis.

HOLLANDE

Pas de bronze; orfévrerie de commerce, quelques petites figures dont on ne saurait dire que *mauvais*.

SUISSE

Pas de bronze ni d'orfévrerie; guillochage remarquable.

AUTRICHE

Beaucoup de cristaux, de la lustrerie, des lampes, le tout de commerce; rien d'art. Un peu de bronze et d'estampé mêlé aux cristaux, arrangement qui n'a rien de français; goût allemand plus baroque qu'original.

DANEMARK

Quelques bronzes de troisième ordre; un petit Cupidon trop broyé (au rifloir), un buste, deux mauvais candélabres.

Orfévrerie de table supérieure à celle de la Hollande; originalité de parti pris. Sur des plateaux, les figures et les ornements tracés matis; sur des pièces unies, les fonds brunis, les figures et les ornements mats. On pourrait, avec un certain goût, tirer des effets en variant les mats.

NORWÉGE

Pas de bronze; orfévrerie de table, peu ou pas de style, figures mauvais goût.

HANOVRE

Un colossal lion bronze d'une reparure bien entendue, manière parisienne, réveillé à l'outil, puis ridoursé, facture large, très-large comme sculpture.

ESPAGNE

Pas de bronze, pas d'orfévrerie.

PORTUGAL

Pas d'orfévrerie, pas de bronze.

GRÈCE

Pas de bronze ni d'orfévrerie. Comme art, quelques marbres très-dégénérés de l'antique, quelques bustes copiés (Homère, Jupiter). Pas de style dans les œuvres modernes; Phidias, Praxitèle n'ont pas de descendants.

TURQUIE

Pas de bronze, pas d'orfévrerie; des bijoux que l'on voit à Paris, où on les fabrique en grande partie.

Sur des armes, incrustation d'or et d'argent, ciselure, repoussé sur fourreaux de yatagans, le relief pris par l'enfoncé des fonds, damasquiné d'or sur lames dites de Damas, quelques pièces filigranées, le tout, comme style, d'un goût très-distingué, noble, simple, pur, pur non de ciselure, mais de parti pris.

Quelques mauvais plateaux, tracé un peu sauvage, passant

pour émaillés, mais dont l'émail n'est que de la cire à cacheter, ou même de la peinture non à l'huile, mais au vernis.

AMÉRIQUE

Pas de bronze, pas d'orfévrerie.

BRÉSIL

Ni bronze ni orfévrerie.

INDE

Dans l'art de travailler finement les métaux, les Indiens sont d'une force à ne pouvoir leur comparer aucun autre peuple.

Chez eux, l'art est d'une distinction unique, et ils laissent bien loin derrière eux les Étrusques si vantés, trop vantés même. Les Indiens avaient à l'Exposition quelques bronzes très-ordinaires et qui devaient être de provenance ancienne. Mais où ils ont déployé tout leur savoir, c'est sur les armes; ils mélangent toutes les matières avec un goût infini : l'or, l'argent, le fer, l'acier damassé, l'ivoire, les pierres fines de couleur.

Leurs produits sont toujours d'une allure originale et noble; les lames d'armes qu'ils font, et que par erreur nous nommons souvent damas sont d'un acier mélangé à la forge de plusieurs autres métaux (acier Wootz ou acier indien). Lorsque la pièce est polie et trempée, elle est mise dans un bain acide; ce dernier, agissant inégalement sur les matières engagées dans la composition, produit ces sortes de moirures auxquelles on a donné en France le nom de damassage et damassé.

Ces lames sont aussi moins fragiles dans les combats : l'acier seul ayant pris la trempe, est entouré de toutes parts d'un solide appui. Le damasquiné d'or qu'ils font sur les lames, casques, brassards et autres pièces d'acier est au-dessus de tout éloge, et lorsqu'on réfléchit à l'ancienneté de ce peuple, à ses manières de travailler, on reconnaît tout de suite que leur damasquinure est le radical imité par les Turcs, les Vénitiens et nous, modernes Français, qui le faisons aussi très-bien à présent.

Les Indiens avaient aussi, dans certaines pièces, un peu d'émail cloisonné.

En bijouterie, du filigrane de première force, qui semble être aussi originaire de là. Mais où ils sont surtout surprenants, c'est dans l'incrustation d'or sur pierre dure; il n'y a pas jusqu'à leurs bagues, leurs poignées d'armes, le plus souvent toutes de pierres fines d'un seul morceau, qui n'aient un cachet de distinction si élevé que l'on se demande comment ils s'y prennent pour incruster ces ravissants dessins. Est-ce avec des acides ou avec la pointe de diamant qu'ils opèrent? Nous ne saurions le dire; cependant, un rubis que nous avons vu à un amateur nous porte à croire qu'ils procèdent par le diamant. Quoi qu'il en soit, ni dans le passé, ni dans le présent, aucun autre peuple, que nous sachions, n'a fait cela.

A la première galerie, ils avaient un collier de griffes blanches d'oiseau de proie ou de tigre, monté d'une façon si originale et en même temps si simple qu'un dessin seul pourrait en faire la description.

Les montures de tout ce qu'ils font ont, en général, peu de ciselures; leurs artistes cherchent l'effet par la forme; ils sont surtout sobres de certains détails beaucoup trop prisés par d'autres nations, par nous comme par les autres.

En essayant de décomposer leur style comme dessin, on voit qu'ils ne se servent jamais de formes géométrales dont on abuse en Europe. Les lignes droites sont rares et ne servent le plus souvent qu'à encadrer; ils emploient les courbes graduées; leur contour d'ensemble doit venir de plantes indigènes, de choses de la mer, le tout mis en œuvre avec un goût de tradition dans lequel la simplicité est unie à la richesse par des qualités d'harmonie extrêmement puissantes.

Comme tout cela était des produits de possession anglaise, des orfévres anglais résidant dans le pays avaient, eux aussi, envoyé les plus ridicules choses de l'orfévrerie exposée. Quelle antithèse! baroque pour original, vétilleux pour finesse...

FRANCE

Puisque un des MM. Fannière était déjà décoré comme ciseleur et que le second frère l'a été cette année pour travaux exposés à Londres, nous commencerons par eux.

Le bouclier en fer repoussé de MM. Fannière est une belle chose, construite solidement avec des plans de bas-relief grec, c'est-à-dire larges, méplats.

Le sujet composé par eux, et à la modelure duquel a travaillé un homme de beaucoup de talent, un sculpteur qui fait surtout des animaux, M. Jacquart, a travaillé aux chevaux.

Ce bouclier, qui représente cinq épisodes de *Roland furieux* (de l'Arioste), était une des choses hors ligne dans la ciselure de l'Exposition. Nous aurions peut-être désiré que la fougue fût plus forte; dans certains côtés la chose y eût gagné, mais à chacun son tempérament. Le modelé est large, le dessin est juste.

ORFÉVRERIE

Sur ce point, on était en droit d'attendre peut-être un peu plus d'initiative de MM. Fannière.

Leurs seaux à glace sont très-bien de ciselure, mais manquent un peu de jet dans le parti pris.

Leur théière est une chose très-bien ciselée, mais la poignée qui représente Adonis tué par un sanglier comporte une sorte de quiproquo du plus mauvais goût, et nous insistons fortement sur cette opinion.

Le meuble de l'Impératrice, dont l'ébénisterie est de la maison Grohé, les dessins de M. Doussamy et la ciselure de MM. Fannière. La garniture de ce meuble fait le plus grand honneur à ces derniers, et l'un d'eux a été décoré pour ce travail. Jamais, sur aucun meuble, la ciselure la plus réputée du temps de Louis XVI n'avait été traitée comme dans ce chef-d'œuvre.

Le musée de Kensington possède entre autres dans ses collections le fameux meuble si réputé de Gouttière, ciseleur français d'un grand renom sous Louis XVI. Nous avons examiné avec beaucoup d'attention cette ciselure, qui était un grand pas dans le progrès de notre art. Eh bien, nous le déclarons, le meuble ciselé par MM. Fannière est de beaucoup supérieur au splendide meuble de Louis XVI; parti pris, jet, noblesse, entente de l'effet du modelé, finesse de l'exécution sur tous les points; en un mot, le meuble de MM. Fannière est supérieur. Sur celui de Gouttière, il y a beaucoup de choses sèches qui passent pour des finesses.

La garniture du meuble de l'Impératrice joint à une grande distinction un modelé bien supérieur sans sécheresse dans l'exécution, et cela tout en restant bien dans le style Louis XVI, dont le terrain est très-glissant de ce côté-là.

MANUFACTURE DE SÈVRES.

Beaucoup de choses remarquables, dont la plus saillante en ciselure était un coffret style Louis XVI, en repoussé, commencé par M. Fournera et terminé par MM. Mulleret père et fils et aussi par MM. Roche fils. Ce dernier ciseleur finit d'une manière très-distinguée.

Une paire de buires, repoussées sur cuivre, émaillées de bleu, garniture en aluminium ciselée dans le genre de Vechte par MM. Mulleret père et fils et Verdier, le tout sous la direction de M. Mulleret père.

Maison Christofle. — Pièce du milieu du surtout exécuté pour les fêtes de l'Hôtel-de-Ville de Paris, d'après le programme donné par M. Haussmann, préfet de la Seine.

La sculpture de cette belle composition a été exécutée sous la direction de M. Baltard, architecte directeur des travaux de Paris et inspecteur des beaux-arts.

Les sculpteurs sont MM. Diébolt, Maillet, Thomas, Gumery, Mathurin Moreau, Rouillard, Capy et M. Auguste Madroux, ornemaniste.

Comme la maison Christofle ne mentionne pas sur son catalogue les ciseleurs qu'elle emploie, bien qu'il y en ait de décorés pour la ciselure, nous réparerons cet oubli. Cette pièce a été ciselée par MM. Fannière, Meissner, Poux, Deurbergue, Vanbengé jeune, Horsin et A. Courtois. Nous posons les noms comme ils viennent sous la plume sans prétendre donner une supériorité à celui-ci sur celui-là.

Les figures de cette grande pièce sont du fondu. Elle est composée d'un grand plateau en glace, dont l'encadrement est relevé par une riche moulure à frise nuancée d'or de différentes couleurs; quatre grands candélabres enchâssés dans cette moulure en relient les parties principales.

Le centre est occupé par le navire symbolique des armes de la ville de Paris. Sur le pont du navire, la statue de la Ville est élevée sur un pavois que supportent quatre cariatides représentant les sciences, les arts, l'industrie et le commerce, emblèmes de sa gloire et de sa puissance.

A la proue est un aigle entraînant le navire vers ses destinées futures; le génie du Progrès éclaire sa marche; la Prudence est à la poupe et tient le gouvernail. Autour du navire, des groupes de tritons et de dauphins se jouent dans les eaux. Les deux extrémités de la composition sont occupées par des groupes de chevaux marins que cherchent à dompter des génies et des tritons.

Nous pensons qu'il est bon que les ciseleurs s'habituent à voir par la forme avant d'appliquer la variété infinie de l'outil; mais il ne faut pas que l'un fasse oublier l'autre.

Nous disons cela à propos de ce surtout dirigé par M. Baltard, qui brille plus par la forme que par le ciselé.

Il est regrettable d'avoir ainsi coupé par tranches horizontales les figures posées immédiatement sur la glace du plateau, sur cette glace qui avait peut-être sa raison d'être pour réfléchir les lumières; mais ce navire, ces dauphins, ces fougueux chevaux marins que les tritons ont tant de peine à dompter, tout cela ne fait même pas frémir l'eau, cette eau reste inerte et cette inertie immobilise l'action. De plus, tronquer ainsi une partie des figures est bien disgracieux, lorsque comme sur une table la ligne horizontale se trouve au-dessous de l'œil.

Bien posé pour être vu d'ensemble, il n'en était pas de même pour les détails. Ce grand surtout était entouré d'une balustrade qui tenait le visiteur à distance ; cependant nous le vîmes d'assez près.

La ciselure des figures était fort belle, mais les ornements étaient trop froids.

Nous regrettons bien vivement de ne pouvoir rendre ici en détail la part que chacun y a prise. Nous disons cela aussi pour les pièces nombreuses exposées par la maison Christofle, qui, dans son exposition, avait aussi beaucoup d'aluminium ciselé.

ORFÉVRERIE.

Maison Odiot. — Quoique ayant exposé quelques belles choses, cette maison devait cependant davantage à sa fortune, à sa vieille réputation. Rien de neuf : du Louis XVI, des pièces de table tenant de la manière anglaise, et quelques morceaux frisant de trop près le style du premier empire.

Une belle paire de flambeaux (style Louis XVI) en or, très-bien ciselés, par M. Diomède Guillemin.

ORFÉVRERIE, BIJOUTERIE

La maison Wiese avait des choses très-jolies et de bon goût.

Une pendule, des bijoux artistiques d'une finesse d'exécution remarquable, souvent microscopiques, en or, en argent, en fer, ciselés par Georges, Honoré.

Le couteau de chasse du Prince impérial, des broches, des bracelets, des coupes à montures émaillées ; plus, la belle épée d'honneur offerte au duc de Magenta. Cette épée, dont la poignée est en or, a été ciselée avec beaucoup de fraîcheur et une grande pureté par M. Honoré.

ORFÉVRERIE, BIJOUTERIE

Maison Rudolphi. — Rien de neuf ; son vase de 1855, beaucoup de petites choses en argent oxydé, quelques pièces émail byzantin ; d'autre part, abus de lapis : sa boutique bleue à distance.

Dans la vitrine de feu Gueyton, un bouclier remarquable, composé par Morel-Ladeuil et ciselé chez M. Deurbergue.

A l'Exposition, la France seule avait le monopole de la ciselure du petit, et dans cette spécialité souvent microscopique ; les grandes qualités d'élégance, de finesse, de distinction et de fini étaient souvent en raison des prix payés ; dans les pièces payées suffisamment, les choses étaient de première force.

BRONZE D'ÉGLISE

Aucune nation étrangère ne rivalisait avec nous pour les bronzes d'église. Les maisons Poussielgue, Bachelet, Trioullier avaient des choses faisant (ainsi que l'orfévrerie des xiie et xiiie siècles) honneur à cette spécialité.

La maison *Chertier* avait une grande Vierge, haute de six mètres, repoussée en cuivre et très-bien réussie; encore une des choses que nous faisons mieux que les anciens, tout en continuant de passer pour leur être inférieurs.

BRONZE

Chez M. V. Paillard, fabricant de bon goût, deux bien gracieuses torchères, art très-noble greffé sur Germain Pilon.

Une belle pendule style xvie siècle; une très-jolie figure de femme, très-souple de modelé, avec un Amour qui veut se désaltérer.

Un bel encadrement de glace bronze doré.

Maison Barbedienne. — Description impossible vu la quantité. Beaucoup de réductions très-connues de tous; quelques pièces neuves, et de ce nombre le vase acheté par le musée de Kensington; des bustes, des statuettes du sculpteur Clésinger, la Pénélope de Cavelier, etc., etc. Belle fabrication.

Quelques spécimens d'orfévrerie : deux pendules, l'une Renaissance et l'autre Louis XVI; cassolettes et coffret (ce dernier acheté par l'Impératrice), le tout admirablement ciselé par M. Désiré Atarge, qui, pour le travail du coffret, a remporté le prix Crozatier en 1862.

La maison *Delafontaine* avait aussi de très-belles choses en bronze.

Beaucoup de belles ciselures faites un peu dans toutes les maisons, les unes isolément, d'autres dans les maisons à façon, chez MM. Deurbergue, Poux, Caron, etc., le tout par eux et par les ciseleurs qu'ils occupent.

Dans la section de l'ébénisterie :

Maison *Cramer.* — Un très-joli petit meuble style Louis XVI, acheté par M. le baron de Rothschild. Les garnitures, ornements et figures étaient remarquablement traités; la ciselure était de MM. Open et René Courtira.

Maison *Lemaire.* — Une buire bronze, modelée par M. Ladenil; le sujet est la danse des Wyllis. Cette très-jolie pièce a été ciselée par M. Deurbergue.

Maison *Marchant.* — Une grande et magnifique cheminée de style grec, belle en tout point. Une statue de Minerve, vases bronze doré et marbre; des statuettes, entre autres la réduction du Voltaire de Houdon, ciselée par Victor Lebeau, qui eut le prix Crozatier pour ce travail. Candélabres, pendules, néo-grecs de style; le tout très-bien, et remarquable de bon goût.

Maison *Lerolle*. — Deux figures torchères, achetées par le prince Napoléon, d'un bien bel effet, modelées par Cordier; les draperies de ces figures sont en onyx d'Afrique et bronze aux couleurs, d'autres parties en argent.

Quantité de belles choses dans le grand bronze, que nous regrettons de ne pouvoir décrire, et parmi lesquelles cependant nous citerons le grand Faune dansant sculpté par Lequesne. Ce beau bronze, très-bien repassé, est dans le carré des rosiers au jardin du Luxembourg.

ARMES

De ravissantes ciselures, prises sur pièce, sur fusils de chasse. En cette spécialité de luxe, la France est de beaucoup en avant sur toutes les nations qui avaient exposé.

Nous avons aussi à mentionner les gracieuses et originales ciselures du petit bronze, et les beaux modèles faits pour galvano de cuivre et d'argent.

Quant à la part du progrès qui revient à la ciselure pour de belles figures et ornements de porcelaine coulés sur des modèles ciselés pour cette spécialité, pour les creux pour zinc et métaux composés, pour les creux ciselés pour couler la belle cristallerie, etc., etc., nous avons dit assez souvent et nous redirons encore un peu plus loin notre opinion sur la ciselure de France.

Nous terminons ce résumé sommaire, trop écourté sans doute pour un art qui touche à tant de choses; mais, bon gré, mal gré, dans une aussi grande bataille (31,000 exposants), il faut bien se résigner à ne faire qu'une esquisse des corps d'armée, des régiments, et il serait impossible de dessiner en aussi peu de temps tous les soldats remarquables.

Nous ferons cependant encore une remarque. Il y a quelque chose de tristement regrettable dans tout cela : c'est de voir nos industries livrées souvent à l'appréciation vénale de gens qui n'y connaissent rien et qui mettent, par des éloges tarifés à la ligne, l'intelligence de leur pays au second plan, le premier étant occupé par les sacs d'écus. Nous nous bornerons à dire que c'est une chose blâmable que d'égarer l'opinion, et que c'est aussi la route qui conduit aux décadences.

Arrivons aux visites que la Commission ouvrière nous avait préparées dans les grands établissements; ces visites intéressent aussi la spécialité.

The Bristish Museum est un musée de Londres renfermant de précieuses collections de sculptures, une bibliothèque, des antiquités, des galeries d'anatomie comparée, d'histoire naturelle, etc., etc.

Nous avons cherché là aussi ce qui pouvait intéresser la spécialité que nous représentions, sachant par renseignements que ce musée contenait beaucoup de sculpture antique; ce qui nous y attirait surtout c'étaient les originaux de Phidias.

Ce n'est pas avec des mots qu'on peut décrire la statuaire, il faut la voir. Que vous dire de ce géant de la sculpture antique, Phidias! Quand on a passé dix ans de sa vie à méditer le bas-relief, on est pris d'une sorte d'admiration muette en voyant en un seul homme la plus haute expression sculpturale de toutes les qualités réunies : ampleur, jet, noblesse, science, modelé, force, énergie, grâce.

Ce musée contient presque tous les bas-reliefs du tour du Parthénon, les hauts-reliefs du même monument, les grandes figures ronde-bosse du fronton, moins le Jupiter.

Il est à regretter, au point de vue de l'étude publique en France, que les moulages qui se trouvent à l'école des beaux-arts de Paris ne soient visibles qu'accidentellement (trois fois l'an à l'exposition des concours pour Rome). Quand donc comprendra-t-on en France qu'il faut abolir toutes ces restrictions ridicules, tous ces monopoles surannés qu'on ne saurait trop combattre au nom du progrès? Les élèves des beaux-arts sont-ils donc les seuls qui étudient? Que Paris soit riche en collections, soit; mais ne perdent-elles pas le côté le plus utile de leur but en faisant passer l'homme studieux et isolé par un labyrinthe de demandes d'autorisation capable de lasser les courages les plus robustes?

En Angleterre, ce qui ressort comme fruit d'une liberté mieux cultivée, c'est une grande économie de temps. Ici on nous traite en rentiers. Si certaines de nos collections ne sont ouvertes qu'aux jours et aux heures où nos ateliers nous réclament, à quoi nous servent-elles? Sont-elles donc l'apanage des oisifs? Si nous avons besoin, nous qui touchons à tant de choses comme genre, style, réparations, etc., si nous avons besoin seulement d'un coup d'œil rapide, mais aujourd'hui même, la carte pour une seule entrée que nous recevrons la semaine suivante ne nous fera-t-elle pas gémir en voyant devant nous entrer les étrangers munis d'un passe-port? Le titre de Français n'est-il donc pas un passe-port suffisant pour visiter le patrimoine national?

Mais revenons à Bristish Muséum (où dessine qui veut).

Ce musée contient aussi un beau buste antique d'Homère, la statue originale du Discobole s'apprêtant à lancer le disque, un beau buste de Jules César, une Vénus très-réputée, mais bien distante de notre Vénus *de Milo;*

Des quantités de sculptures égyptiennes plus intéressantes au point de vue archéologique qu'à celui de l'art, beaucoup de sculptures romaines qu'on ne peut plus regarder quand on a vu Phidias.

CISELURE

En donnant le pas à l'époque la plus reculée de nous (les Egyptiens du temps biblique), ce musée possède une collection de bronzes dans le genre de ceux que nous avons en abondance au Louvre. C'est un travail dur, sans finesse d'exécution, sauvage dans ses coups d'outils coupants.

En mentionnant ces travaux très-anciens, c'est une réponse aux questions d'origine qui nous avaient été posées.

Dans les salles basses, une galerie contient des repoussés du même pays et de la première période.

Ce travail, sur cuivre rouge repoussé en bas-reliefs méplats de beaucoup antérieurs à la civilisation des Grecs, prouve suffisamment que ces derniers n'ont pas inventé le genre de parti pris du modelé. Ce travail est loin d'être savant ; on voit de suite que l'art mettait alors le pied sur le premier échelon de cette échelle où, plus tard, les Grecs montèrent si haut.

Le travail repoussé de plusieurs de ces petites coupes représente quelquefois des figures d'animaux, cerfs, biches, etc. ; le tout entremêlé de petits dessins faits à la pointe sautée ; mais pas une pointe ronde. Elle est longuette (un petit traçoir droit) ; quelquefois les rangées sont symétriques et à coups comptés. Le moyen âge a beaucoup imité ce travail, surtout aux douzième et treizième siècles. La renaissance italienne l'imita aussi.

Période grecque.

Fragment d'un combat de Thésée et des Amazones (repoussé sur cuivre) extrêmement savant de formes ; le modelé, qui est ferme, a conservé par endroits les traces du riffloir. Le traçoir apparaît aussi ; mais ce dernier apparaît posé avec savoir.

La hauteur de ces petites figures (qui semblent avoir appartenu à un casque) est d'environ 8 centimètres.

Le petit bronze romain, que nous ne faisons que mentionner, est bien loin de notre petit bronze moderne.

PALAIS DE CRISTAL

Il était un peu tard lorsque nous arrivâmes à ce vaste établissement, qui n'a certainement pas son pareil en France.

Cette collection précieuse pour l'étude contient des moulages de toutes les grandes sculptures réputées, depuis les Egyptiens du temps biblique jusqu'à la statue équestre de François Ier, par Clésinger, que nous fûmes bien étonnés de trouver là aussi.

Des salles entières en vrai marbre blanc rehaussé d'or et de couleurs, imitation patiente de certaines salles de l'Alhambra des Maures en Espagne, type radical du style moresque.

Une série moulés en plâtre, des Vénus réputées, parmi lesquelles notre Vénus de Milo, acquièrent une supériorité qui devient aussitôt incontestable.

La plus grande partie sculpturale des œuvres du grand Michel-Ange, le Tombeau des Médicis, le Moïse, etc. Bien que nous vîmes cela un peu en courant, ces grandes et belles choses ne laissèrent pas que de nous faire une forte impression, que nous résumons en disant que Michel-Ange est un des hommes rares à la hauteur de la réputation qu'il a justement conquise dans les arts.

PLATRE BLANC (MOULAGE)

Un beau buste colossal de Cosme de Médicis, par Benvenuto Cellini; large, très-large d'aspect; modelé puissant, mais sec dans les détails.

Le modelé un peu rond.

Plâtre mis au vert pour imiter l'original qui est sur une place de Florence (le Persée de Benvenuto Cellini). Cette grande figure, haute de près de 3 mètres, est très-belle de proportions; la tête jeune est bien, l'aspect général du modelé est large, mais toujours un peu rond; les bras sont beaux, puissants, encore irrités, peut-être un peu gros pour le masque. Le torse a le défaut des Florentins : suivant Michel-Ange à distance, les côtes, les fausses-côtes, les dentelés et les muscles droits sont très-bosselés. Les muscles de la jambe qui porte sont justes; les pieds sont beaux. La figure presque adossée ne nous permit qu'imparfaitement de voir une partie du dos, qui nous sembla, dans la difficile région de l'omoplate, être très-bien aussi.

Le corps décapité de Méduse sous les pieds de Persée est très-bien posé ; puis, ce qui est à l'honneur de Cellini, la musculature est détendue, ce que l'on peut regarder comme un progrès de l'école florentine, où, dans la représentation des morts, trop souvent les muscles, sous prétention d'énergie mal comprise, avaient coutume de rester dans une activité égale à la vie, quand ce n'était pas pis.

Les morceaux authentiques de Cellini sont assez rares pour que nous ayons pensé à décrire cette figure qui est de beaucoup supérieure à la nymphe de Fontainebleau, qui est au Louvre (et du même auteur). Comme ensemble, vue de profil, la figure de Persée est trop penchée en avant; vivante, elle ne pourrait pas tenir debout. Si l'on ajoute que, le bras gauche tendu devant lui, Persée tient par les cheveux la lourde tête de Méduse, cela appuiera notre observation.

Ainsi que nous l'avons dit en commençant, il était un peu tard lorsque nous arrivâmes, la nuit vint nous surprendre, il fallut songer à nous retirer avec le regret de n'avoir certainement pas tout vu ce qui pouvait nous intéresser.

KENSINGTON

Ce musée est un établissement contenant des collections d'un très-haut intérêt pour l'étude. Collections de tous genres divisées en partie appartenant à l'établissement, une autre partie des objets étant mobile et généreusement prêtée, dans l'intérêt du progrès, par de riches amateurs qui, les retirant de leurs collections particulières, mettent ainsi, pour un temps, les rares et belles choses qu'ils possèdent à la vue du public. Lorsque la durée du prêt est écoulée, les choses retirées sont remplacées par d'autres objets. Ce renouvellement est un attrait pour la curiosité des visiteurs, les choses exposées étant toujours remarquables pour les spécialités auxquelles elles s'adressent, car, pris de côté, on ne pourrait trouver autre part la plus grande partie des choses qui sont là à la vue de tous.

Une bibliothèque, surtout de manuscrits, autographes, dessins originaux.

Une collection des premières locomotives ayant fonctionné et tout ce qui a trait à l'enfance de la vapeur. Systèmes, engins et détails des choses de la marine. Portraits peints des grands inventeurs de tous les pays. Instruments d'agriculture, ébauches d'idées (souvent premières) d'inventions en tous genres. Instruments de physique, collection de tout ce qui a trait à l'enseignement, jusqu'aux bancs et tables perfectionnés des écoles élémentaires. Collections de substances alimentaires, art céramique de tous les pays. Émaux moyen âge, vénitiens, florentins, émaux cloisonnés, émail limousin.

Aussi les plus magnifiques portraits émaillés sur or qui soient au monde, par le célèbre Petitot (encore un de ceux que la révocation de l'édit de Nantes fit porter son grand talent en Angleterre, où il laissa une partie de ses œuvres).

Une collection de gravures rares. Une école de dessin pour la machine, le bâtiment, les fleurs, l'ornement, les animaux, la figure. Plusieurs galeries de tableaux aquarelles, que les Anglais font comme personne, collection d'ornements de sculpture moules en plâtre.

Enfin, orfévrerie, bijouterie, bronzes, armes, ivoires sculptés repoussés, en fer, en argent, terre cuite sur cru et coloriée, etc.

En plus, ce musée, mis à la disposition aussi de ceux qui travaillent le soir, est pourvu d'un splendide éclairage au gaz et reste ouvert le soir jusqu'à dix heures.

Qu'on nous pardonne ces citations, qui peuvent sembler peut-être un peu longues; mais nous les faisons pour bien montrer les dispositions anglaises dans les luttes de l'industrie.

En présence de tant de choses, nous ne nous sommes occupés que de celles qui pouvaient éclairer notre spécialité; mais, avant, qu'on nous permette pour un instant de sortir de notre cadre pour dire que le musée de Kensington, qui est une encyclopédique collection, en possède une surtout dont nous voudrions bien être dotés à Paris (nous la recommandons spécialement au conseil de salubrité publique, aussi au conseil municipal), présidée par un chimiste de premier ordre, M. Dumas.

C'est, premièrement : une collection de substances alimentaires à l'état de nature.

Deuxièmement : la même substance falsifiée.

Troisièmement : les matières souvent nuisibles à la santé servant à la falsification.

Enfin, une théorie d'analyse souvent très-simple à la portée de tous pour dérouter les fraudeurs. Nous pensons qu'une nation s'honore par une guerre ouverte, acharnée contre un vol de la pire espèce, et nous ne sommes pas éloignés de croire que le budget des hôpitaux, la santé publique, celle des ouvriers surtout, voulons-nous dire, y gagneraient plus que ne coûterait cette collection.

CISELURE ET OBJETS S'Y RAPPORTANT.

Si c'est une sérieuse étude de comparer nos produits modernes avec ceux de nos contemporains, ce n'est pas moins une utile chose que de comparer aussi les produits de notre époque avec les époques antérieures. Eh bien, nous sommes heureux de le déclarer, la ciselure française, dans les dix dernières années, est, dans tous les genres, supérieure non-seulement à celle de nos contemporains, mais aussi à celle de toutes les civilisations qui ont laissé trace ou œuvre de ciselure ; et de notre dire nous n'exceptons pas même Cellini, que nous trouvons, en ciselure, beaucoup trop vanté, chose dont il s'était lui-même assez occupé. De plus, nous affirmons, dussions-nous déplaire aux amateurs exclusifs d'un passé souvent illimité, que les Florentins (dont les Anglais sont si friands et Kensington si riche), doivent souvent leurs réputations bien autant aux grands personnages pour lesquels ils ont travaillé ou qui ont possédé leurs travaux qu'à la valeur véritable (artistiquement parlant) d'œuvres qui ne justifient pas toujours la réputation qu'elles ont.

Le célèbre bouclier appartenant à la reine d'Angleterre (attribué par quelques amateurs à Cellini, mais pas officiellement) est une pièce en fer repoussé, rehaussé par endroits d'une damasquine d'or de première force. La composition est active, nous voulons dire l'action agit, ce qui n'a pas toujours lieu chez les Florentins. L'anatomie est bien et mal ; le travail est un peu sec (beaucoup de traçoir), le modelé et aussi le dessin sont ronds. L'entente des plans comme bas-reliefs laisse beaucoup à désirer, nous entendons dire qu'il y a confusion par endroits.

Une grande partie des bas-reliefs florentins s'écartent des lois de Phidias ; il n'est pas rare de voir des figures de premier plan avoir les pieds seulement tracés sur le fond, lorsque des têtes ou même tout le second plan sont ronde-bosse dans les têtes surtout.

Un autre parti pris dans le même sujet consiste à avoir aussi certains membres méplats et dans la même figure d'autres membres ronde-bosse, mais de préférence la tête, cette dernière souvent détachée complétement du fond. Comme effet, le résultat est souvent pittoresque, mais malheureusement il perd en clarté ; on cherche quelquefois à qui le bras, à qui la jambe.

Notre Clodion s'est souvent, en bas-relief, servi de cette manière, mais disons à sa louange qu'il a su, à l'endroit des plans, se l'approprier d'une façon autre et avec un tact remarquable de savoir ; il n'y a jamais de confusion dans ses œuvres.

Les ciselures de Florence n'étaient pas par spécialités comme dans notre industrie moderne ; ils faisaient de tout, modelure, émail, nielle, repoussé, damasquiné, fondu, gravures des coins à frapper la monnaie, aussi la médaille. Dans cette dernière spécialité, les Florentins ont excellé. Il faut bien le reconnaître, s'ils n'ont pas en bas-relief l'austère sévérité des Grecs, ils ont des qualités libres à eux poussées quelquefois par l'audace à d'heureuses et belles réussites. Ils osaient, en un mot ; ils étaient bien une race de vrais artistes ; ils avaient le génie de la variante du mouvement ; ce n'est certes pas à eux qu'on pourrait reprocher cette monotonie patiente partout, qui ennuie chez tant d'autres. Les Florentins étonnent quelquefois par le jet audacieux du parti pris.

Une bien précieuse chose est rassemblée dans une vitrine : c'est une série d'études d'anatomie modelées par Michel-Ange. Ces études en cire, squelettées en dessous avec du fil de fer, préludaient ordinairement à l'exécution des grandes figures qu'il entreprenait ; ces études de figures anatomiques, hautes d'environ quarante centimètres, contiennent un enseignement bien précieux sur la méthode que s'était créée ce grand homme.

Si, par un jet qui n'appartient qu'à lui, Michel-Ange est la plus haute expression de l'école de Florence, ceux qui viennent après lui grimacent, sont forfants d'anatomie d'un maniéré souvent détestable, et, par-dessus tout, ne s'adressant jamais au cœur ou à l'esprit, mais à l'œil seulement. Si le faire est large sur le marbre ou les terres cuites qui ont servi à mouler les bronzes, il ne l'est pas toujours dans les œuvres de ciselure, dans le repoussé surtout, où il y a souvent tant de choses, que l'ensemble est noyé dans les détails.

Les deux terres-cuites esquisses du tombeau des Médicis par Michel-Ange sont là comme pour affirmer que, sur les bronzes surmoulés qui y sont aussi, on a surtout rifflé ce certain je ne sais quoi, ou plutôt le souffle que le grand maître avait posé dessus, pour le remplacer par une riflure très-propre, trop propre, arrondie partout ; on leur a sorti la couleur en enlevant l'ampleur et la finesse diversées des plans ; c'est ici l'occasion de dire que le mieux est l'ennemi du bien.

Le fameux crucifix de Giovanni, de Bologne, est un bronze d'environ vingt centimètres de la tête aux pieds, d'un travail poli. Son anatomie ne supporte pas l'analyse partout ; la tête manque de crâne, ce qui, de profil, donne au Christ l'air un peu idiot ; l'expression est loin d'être à la hauteur du sujet. L'entente des plans charpentant le tout est très-bien compris ; ce n'est même qu'à cela qu'il doit son effet et sa réputation ; le torse est un peu court pour un homme crucifié ; l'aspect général est bien compris dans ses variantes d'opposition.

Un bas-relief florentin, composé avec des méplats à plans superposés sur fond en velours, manière de bas-relief que nous vîmes pour la première fois susceptible d'une belle application. Cette œuvre, remarquable comme une grande partie de ce qui était là, ne portait que le nom de son propriétaire.

Les animaux des Florentins font rire quand on a vu nos modernes productions des Barry, Jacmant, Frémiet, Mène, Bonheur, etc., etc.

Le bronze des Florentins n'est pas couleur chocolat; il est d'un noir particulier, un peu verdâtre cependant. Ils ont pris l'extrême poli pour du fini, grave erreur qui, à Paris, a encore trop de partisans.

Nous affirmons, nous, que le miroitage qui en résulte est suffisant à détruire tout l'effet d'une figure souvent, et cela, si solide qu'en soit le travail.

Une vitrine contenait au moins cent cinquante pièces de repoussé du xvi° siècle, vases, coupes, plateaux, drageoirs, pots à bière, calices, ciboires et beaucoup de pièces sans usage que la curiosité. Tout cela souvent d'une ciselure hardie dans le repoussé de la matière pour les pièces ouvertes à la main, xvi° siècle de tous pays, l'Italie dominant. En général, le tracé est dur, rugueux même, le goût pas toujours irréprochable, le modelé rond, les formes d'ensemble souvent simples, nobles en Italie, plus bizarre qu'original dans les produits anglais, hollandais et allemands.

Dans le repoussé, beaucoup de demi-boules d'un assez bon effet (les boules brunies), pots en cristal, montés, couvercles et anses d'or (ou dorées) faits avec goût pour le parti pris, mais la ciselure dure, abus du traçoir à angle vif.

Passant en revue les panses d'une centaine de grands et petits vases, on acquiert une preuve de plus que les Florentins et autres, au commencement du xvi° siècle, ne connaissaient pas la ressing. Toutes les pièces fermées, la saillie des reliefs est prise en enfonçant les fonds. Les hauts-reliefs sont des appliques. Les enjolivements légers et détachés sont de la feuille découpée, puis tordue et aussi du fondu.

Au commencement du seizième siècle, pas de mat, les feuilles d'ornement sont rarement brettées; lorsqu'elles le sont, c'est avec une pointe longuette, un petit traçoir droit, sauté ou tramé.

Fin du seizième, commencement du dix-septième, bretté au mat partout, le mat acier à toute trempe, cassé, le grain de cassé faisant mat. Dès la seconde moitié du seizième, fonds pointillés et bouterollés, mais généralement les fonds mal dressés (tendus).

Florentin encore, plusieurs pièces en fer repoussé qui ne supporteraient pas la comparaison avec nos choses modernes de France, mais ordinairement belles d'aspect.

Du fer pris sur pièce beaucoup; de ce nombre, un magnifique fauteuil de président d'académie à Florence. Ce travail, qui dans beaucoup d'endroits est de la serrurerie, comporte beaucoup de ciselure, notamment le fond du dossier, qui est une sorte de ronde-bosse méplate faisant face des deux côtés; des cavaliers sur trois et quatre rangs découpés à jour (sans fond) sont de parti pris très-original. Cette ciselure a eu aussi de grandes difficultés d'exécution, puisqu'il a fallu (le terrain étant du même morceau) champlever à travers les jambes des chevaux et l'intervalle des cavaliers.

Nous regrettâmes beaucoup que le manque de temps ne nous ait pas permis de faire un dessin de cette pièce pour notre future bibliothèque ; ç'eût été une chose à avoir, car là encore, à Kensington comme dans les collections anglaises, *dessine qui veut*.

ORFÉVRERIE D'ÉGLISE

Une grande vitrine, style byzantin d'Europe des douzième et treizième siècles, une quantité à désespérer la description ; dans le travail pas de mat, jamais de mat, c'est bruni ou non bruni, les fonds échoppés en zigzag, aussi les fonds sautés à la pointe, tracé dur, sauvage ; le champlevé des émaux cloisonnés, dans certains éclats d'émail, laisse voir environ un millimètre le creusé pour recevoir l'émail.

De belles grilles et portes de fer (Renaissance) dans le genre de celles qui sont à la galerie d'Apollon au Louvre, mais plus large de parti pris. Encore un genre de ciselure qu'on regrette de voir s'éteindre, dans notre siècle, où la fonte de fer se substitue plus économiquement aux splendeurs d'une autre époque.

Lot anglais du musée Campana.

BIJOUTERIE

C'est une erreur de croire, en France, que l'Angleterre a, comme on l'a dit, *écrémé* la collection Campana.

Les quelques morceaux composant le lot anglais n'ont rien qui surpasse en qualité les quantités du lot que la France a acquis. Nous n'en dirons pas autant des terres cuites florentines, dont plusieurs sont admirables ; dans ce lot, figurent aussi plusieurs marbres, un Cupidon attribué à Michel-Ange et qui n'est pas extraordinaire ; le bras gauche et la tête sont rapportés, cette dernière est loin d'être belle.

Une ébauche en marbre de Michel-Ange, figure d'environ quatre-vingts centimètres, est aussi une chose moyenne, curieuse à voir seulement à cause de la méthode très-transparente sur la route suivie. Bien que ce ne soit pas de la ciselure, notre étude portant aussi et surtout sur les choses qui tiennent de plus près à la forme, nous citerons quatre magnifiques terres cuites de Clodion, deux bas-reliefs amphitric, deux groupes ronde-bosse de faunes et bacchantes (les enfants pieds de bouc). Ceux qui n'ont vu que les bronzes et les dégénérés plâtres que l'on vend dans les rues de Paris ne peuvent se faire une idée de la grâce, de l'esprit, de la vie que cet homme mettait sur un morceau de terre. Quand on pense qu'il lui a fallu mourir pour avoir de la réputation ! lui ! une des gloires de la France !... qu'il mourut seulement en 1818 dans une grande pauvreté. On est désolé quand on sait que, de son vivant, il ne retirait que très-peu de chose d'œuvres que l'on achète maintenant à des prix fabuleux.

Le fameux meuble style Louis XVI ciselé par Gouttière, le grand maître en ciselure à cette époque. Ce meuble appartient à la reine d'Angleterre et fut donné par Louis XVIII au roi Georges. Comme nous en parlons autre part, cela nous dispense d'en parler ici.

Nous ne terminerons pas cet aperçu sur Kensington sans remercier encore d'ici l'un des conservateurs de ces riches collections, M. Charles Black, qui fut pour l'un de nous d'une intelligence bienveillante et d'une courtoisie bien au-dessus de l'éloge que nous saurions en faire.

RÉFUTATION SUR LA MOYENNE DES SALAIRES

Nous aurions voulu pouvoir par des chiffres établir dans notre métier ce que l'on nomme la moyenne des salaires ; mais le temps et les moyens nous manquent pour aller demander à chacun : Combien gagnes-tu ?

Nous nous bornerons à dire que les hommes savants qui ont dressé les tables de la mortalité en France, Duvillard et Deparcieux (tables publiées dans l'*Annuaire des longitudes*), n'ont pas procédé comme les statisticiens des salaires.

Dans la moyenne des journées, ces derniers, posant les deux extrêmes, ont prts le milieu pour résultat, à peu près comme si, dans les petits théâtres de Paris, où il y a des acteurs à trente francs par mois, mettons mille francs l'an (pour ne pas chicaner), on eût posé l'appointement des grands chanteurs qui gagnent à l'année cent mille francs et que l'on eût tiré cette *vérité*, que la moyenne pour les acteurs à Paris est de cinquante mille francs.

En calculant avec cette méthode, il est aisé de comprendre que, dans les métiers, il suffit d'une journée de vingt francs au sommet pour que toutes les journées paraissent être le moins de dix francs.

Nous sommes bien plus dans le vrai en affirman' que, dans notre profession, 80 pour 100 des ouvriers ne dépassent pas 4 fr. 50 c. par journée de travail, et que le plus grand nombre de ces 80 est au-dessous; que de 15 à 16 pour 100 des ouvriers gagnent depuis 4 fr. jusqu'à 6 fr. par jour, et que les quelques exceptions qui montent un peu plus leur journée ne sauraient être pas plus injustement comptées que le traitement d'un colonel à celui du simple soldat dans l'appréciation de la solde militaire.

Certes, notre profession n'est pas assez salariée en raison du chômage et du temps qu'il faut pour faire un ouvrier convenable.

Nous savons les sacrifices que l'on s'impose quand on veut arriver à la hauteur de l'art et au peu de résultat que l'on en obtient sous le rapport de la rémunération; aussi ne sommes-nous pas étonnés de l'*émigration* de nos talents à l'étranger, où ils trouvent leurs salaires plus que doublés et une satisfaction comme travail; malgré cette émigration, il reste encore un nombre d'artistes qui ne peuvent avoir des travaux à la hauteur de leurs capacités. Il serait temps de penser à améliorer cette position industrielle : c'est notre vœu.

Nous indiquerons donc le moyen possible pour changer sensiblement la position artistique de cette brillante industrie : c'est d'accorder pour la ciselure les mêmes résultats obtenus pour la sculpture et la peinture aux diverses expositions des arts, c'est-à dire qu'il soit alloué une somme au budget pour l'achat d'œuvres ciselées, repoussées ou fondues, en fer, cuivre ou argent. Ces objets prendraient place dans nos musées et serviraient à l'étude ainsi qu'à réveiller le goût des amateurs qui croient que l'ancien est préférable au moderne, quand la plupart des objets qu'ils achètent pour de l'ancien est fait par nous.

Combien de boucliers faits par M. Vechte pour le compte d'antiquaires ont été vendus pour du vieux !

Il faut sortir de l'erreur où l'on est en divinisant le soi-disant ancien au préjudice de notre époque si fertile en artistes.

Donnez à notre émulation les moyens de se produire dans notre pays, et il est probable que nous n'irons plus à l'étranger porter cette industrie; il suffirait que cet encouragement mérité partît d'en haut pour avoir des imitateurs dans la classe aisée, qui, acquérant le goût et la connaissance de la ciselure (qui aurait une valeur authentique), ne seraient plus exposés à donner leur argent pour des œuvres sans valeur.

Notre demande est-elle prétentieuse? Nous ne le pensons pas, puisque deux de nos collègues, MM. Vechte et Fannière, ont reçu pour leur mérite en ciselure la croix d'honneur.

D'UNE BIBLIOTHÈQUE A NOUS

On nous a demandé ce qu'il y aurait à faire pour soutenir la concurrence étrangère dans nos spécialités ; nous répondrons :

Premièrement. — Faire bon marché relativement aux autres nations. En cela nous sommes déjà plus habiles et nous faisons mieux que nos concurrents. Faire meilleur marché relativement à nous n'est guère possible. A capacités égales, nos journées sont déjà d'un fort tiers au-dessous de la même journée à Londres, avec cette différence que les ouvriers anglais font une heure de moins que nous.

Deuxièmement. — Faire mieux. Pour faire mieux, il faut pousser le plus que l'on pourra (ce qui est facile) à la connaissance de la forme par le dessin, le modelé, l'anatomie *active;* à la connaissance plus exacte des styles, dont on parle plus qu'on ne les connaît, donner autant que possible les facilités d'acquérir à nos apprentis.

Il y a en Angleterre 85,000 élèves qui suivent les cours de dessin ; ces cours sont presque tous en dehors d'une direction par l'Etat, ce qui ne les empêche pas de prospérer, et nous ajoutons qu'il est de la nature des métiers où l'imagination joue un rôle de ne pas progresser autant sous une pression quelconque qu'en liberté : c'est le seul moyen d'avoir des talents originaux, nous voulons dire l'individualité du faire. Nous admettons très-bien l'étude des qualités du style grec, l'ampleur de son modelé surtout ; mais habituons-nous à repousser de nos compositions libres tout le bagage mythologique et semi-mythologique de sujets ne relevant presque toujours que de la ruse, de la force, quand ils ne sont pas épiquement incestueux : ce n'est pas avec de pareilles bêtises qu'on fait des hommes. Si le but des arts est de charmer, ils en ont un plus direct, selon nous, c'est de contribuer au développement intellectuel : notre histoire nationale est assez riche de sujets sans emprunter ailleurs ; et disons davantage, élevons-nous de la famille à l'humanité.

A Westminster, devant les statues de Newton, de James Watt, on est fier d'être homme, la nationalité disparaît.

L'un des moyens qui contribueraient le plus à distancer les nations qui aspirent le plus à nous égaler, à nous dépasser même, serait d'avoir une *bibliothèque* à nous de choses spéciales, et cela ainsi que le logement, à l'aide d'une petite cotisation mensuelle de quelques centimes.

Une fois la sanction obtenue, la spécialité du bronze devrait, autant que possible, ne pas tant attendre de l'initiative du gouvernement, qui ne peut s'occuper de tout, et ne peut, en définitive, savoir aussi bien que nous ce dont nous avons besoin.

Nous faisons donc cette proposition : d'avoir un logement à nous dans lequel nous aurions les livres ayant trait à notre profession. La grammaire de l'ornement, des gravures, lithographies, photographies des choses de style, et nous serions bientôt riches de matériaux par les dons que chacun pourrait faire. Les traités d'anatomie, les écorchés en plâtre, des moulages de ce que la spécialité a de mieux, et quand cela se pourrait aussi, un moulage de la pièce qui aura remporté le prix Crozatier, afin d'établir par ce dernier une comparaison constante, une sorte d'échelle graduée du progrès.

Cette bibliothèque pourrait aussi, deux jours (ou plus), les soirs, la semaine, être transformée en école de dessin, où nos apprentis trouveraient une direction compétente professionnelle et *gratuite,* dont on ne fait que parler, et cela sans rien coûter à l'Etat que son autorisation.

Ce qui nous pousse à faire cette proposition, c'est l'expérience bien acquise que le département des gravures et estampes de la Bibliothèque impériale ne peut servir à nos métiers que pour de rares renseignements qu'on a souvent bien de la peine à obtenir dans cet établissement (dit public), et cela par une quantité de raisons que nous ne traiterons pas ici. Mais la raison dominante pour nous est que les ouvriers ne peuvent s'instruire qu'après la journée, et les bibliothèques à estampes ferment toutes à quatre heures. Si nos concurrents s'instruisent et que nous ne nous instruisions pas, nous pourrions bien un jour être mis au second plan.

DE LA LIBERTÉ

> Je ne crois pas que nos sociétés modernes
> puissent longtemps se passer d'elle.
>
> ALEXIS DE TOCQUEVILLE.

Si le travail est une loi de la vie, il a pour but le bien-être de la famille. Nous remercions de tout cœur les hommes sympathiques qui sont toute bonne volonté de nous venir en aide, mais nous demandons à l'État que, sans tracasseries, on nous laisse légalement la prévoyante liberté de nous aider un peu nous-mêmes. Déjà fonctionne dans la corporation une société de crédit mutuel appelée à rendre de grands services, qui peut-être bien, espérons-le, amènera dans les mauvais jours ses adhérents, et cela sans privations d'objets trop souvent de première nécessité, à se passer de la très-philanthropique institution du mont-de-piété à 12 pour 100. Nous ne devons pas perdre notre temps à nous plaindre, mais chercher par quel moyen pratique nous sortirons de là.

Si le génie humain a trouvé le moyen de parler à tous les continents à l'aide d'un fil de fer, amis, pourquoi désespérerions-nous? Rien de grand sans enfantement laborieux.

En voyant accomplies tant de grandes choses d'abord déclarées impossibles, tant de merveilleuses conquêtes de l'homme sur la matière domptée, on peut bien espérer que l'heure si désirée d'une plus juste répartition aura aussi son tour. Mais, pour en arriver là, que l'espérance ne marche pas seule : joignons-y notre volonté, notre intelligence; que nos bras et nos mains ne soient pas accusés de manquer de tête. Cherchons nous-mêmes.

La réalisation d'un bien-être plus général est pour nous la conséquence directe de ce qu'on nomme progrès, et nous disons cela sans acception d'intérêts.

Si certains économistes regardent les révolutions comme une maladie périodique, nous osons affirmer, nous, que la vaccine n'en est pas impossible : elle réside dans l'application mieux entendue de ce que nous nommons les satisfactions légitimes.

Qu'on nous permette de nous réunir!

On semble redouter nos réunions, on croit que nous cherchons le côté politique dans nos entretiens : c'est une erreur. Depuis longtemps les hommes qui travaillent et qui pensent sont d'accord sur un point : ils savent que les révolutions de la rue n'ont jamais résolu les questions en litige *concernant le travail;* que les révolutions, dans le sens qu'on attache à ce mot, ne sont le plus souvent qu'un temps d'arrêt pendant lequel l'ouvrier a plus que tout autre à souffrir.

Par la liberté, la bourgeoisie s'est affranchie civilement du clergé et de la noblesse; le prolétariat, par la liberté sans turbulence, s'affranchira un jour aussi des lourdes pressions du capital. Voilà le but! Dans un pays comme notre France, où l'égalité devant la loi est la base de la législation, le suffrage universel faisant les hommes égaux, on s'étonne à bon droit de voir l'association des auteurs dramatiques, des musiciens, des notaires, des agents de change, de l'ordre des avocats, etc., jouir du droit de se réunir pour s'entendre sur les intérêts de leurs professions, lorsque ce droit est refusé à tant d'autres métiers non moins honorables, ainsi que le prouve suffisamment le récent procès fait aux ouvriers typographes.

Si nous demandons plus de liberté, disons pourquoi.

A sommes égales, un pays est-il plus heureux avec un petit nombre de grandes fortunes qu'avec une quantité de fortunes médiocres?

Nous avons une préférence pour la quantité de petites fortunes, parce qu'elles sont moins despotiques, que les masses y sont plus pénétrées par le vrai bien-être; que la liberté, dans le vrai sens philosophique du mot, y a aussi plus de satisfaction.

Les grandes fortunes font mieux, non pas les grandes choses, mais les grandes entreprises. En Angleterre, la liberté de dire tout ce qu'on veut dans la rue n'empêche pas l'homme des champs et des manufactures de n'être que le serviteur à merci, et non l'égal de ceux à qui appartiennent le sol et l'argent. L'Angleterre n'a pas comme nous l'égalité civile.

Tout récemment, à une distribution de prix aux écoles du soir, le ministre de l'instruction publique, M. Rouland, à propos de l'Exposition de Londres, a dit aux ouvriers ces paroles que nous avons entendues et que nous demandons à transcrire ici:

« Debout, soldats de l'industrie, debout et à l'œuvre pour cette guerre glorieuse qui brûle plus de houille que de poudre, qui ne coûte pas de sang versé, et qui substitue à la routine des tarifs et des prohibitions la tactique autrement décisive de la prévoyance, de l'invention et du goût. Défendez avec les armes de la paix le génie de la France, comme vous avez défendu avec le mousquet et l'épée l'honneur de son drapeau, et souvenez-vous du mot de ralliement : *Travail et intelligence!* »

Hélas! dans le rude combat de la vie, l'intelligence active, efficace, est bien difficile sans la liberté des moyens.

Si le Gouvernement, qui nous y invite, veut que la France soutienne la concurrence industrielle qui peut l'envahir dans cette lutte du libre-échange où il faut que nos industries triomphent, nous lui crierons :

Laissez-nous faire !

Aidez-nous seulement par plus de *liberté !*

Les délégués ciseleurs,

ABEILLE, GARNIER, MAINFROY, MAYER.

DEUXIÈME PARTIE

L'exposé de nos collègues ciseleurs a rendu notre tâche difficile. Pour bon nombre de questions, nous avons à choisir entre le mutisme et les redites; en outre, les hommes spéciaux le savent, comparativement à la ciselure, nos deux spécialités offrent à une appréciation raisonnée un sujet de sa nature des plus arides, et après une étude aussi rapide qu'a dû l'être la nôtre, la monture particulièrement présente le champ le plus étroit, le plus difficile.

En effet, dans un travail où le comble de la perfection consiste bien souvent à se cacher, à se rendre invisible, comment, en un coup d'œil superficiel, saisir, découvrir le plus ou le moins de mérite de l'exécution, comment apprécier le degré de supériorité dans les moyens employés? Voici des groupes, des bronzes terminés; les raccords, les assemblages sont parfaitement adhérents, dissimulés; sont-ils fondus d'un seul jet, ou bien se composent-ils de parties réunies, soit par soudure ou par monture? Impossible de se prononcer à moins d'un examen attentif.

Autre difficulté : outre la netteté et la solidité, un travail de monture doit réunir encore diverses conditions également importantes, la correction des lignes, leur conservation dans le raccord des parties, dans les sections ou coupes, et enfin dans les modifications si fréquentes que subit pendant l'exécution l'œuvre originaire du sculpteur. Impossible encore de déterminer ici la part du travail : voilà des personnages bien agencés, bien posés; c'est naturel, pense-t-on, et on passe outre. Ces rinceaux, ces guirlandes sortent très-bien; les chutes, les courbes sont douces, légères, gracieuses; rien de plus simple, tout cela doit être ainsi. Et cependant, combien souvent et beaucoup n'at-il pas fallu chercher, s'écartant du dessin primitif reconnu défectueux par l'auteur lui-même! Ou bien encore, à quel travail de combinaisons essayées, rejetées, n'a pas été condamné l'ouvrier abandonné à ses propres lumières pour tirer ainsi bon parti de ce qui souvent n'était qu'une ébauche de sculpture, pour réunir des parties disparates, leur donner une cohésion solide, régulière, pour composer enfin cet ensemble tout à la fois symétrique et harmonieux!

Pourtant, comme résultat de nos observations à ce point de vue, nous pouvons dire qu'en général, sous ces divers rapports, le travail français est d'une supériorité dont celui des autres nations n'approche qu'exceptionnellement.

Cette supériorité cesse d'être aussi marquée dans les ouvrages d'architecture à surfaces unies et limées. Ici, comme dans toutes les spécialités où le goût de l'ouvrier a une part moindre, où l'exactitude, la précision mathématique qui peuvent s'obtenir par une application soutenue à l'exercice de la main deviennent la condition de perfection la plus importante pour le travail, dans ces divers cas, la différence entre d'autres peuples et nous semble moins grande, et sur certains points nous sommes quelquefois égalés. Ainsi, dans plusieurs expositions étrangères, nous avons remarqué des spécimens d'ouvrages de ce genre exécutés aussi nettement que chez nous. Entre autres pièces qui ont fixé notre attention, citons : dans l'exposition anglaise, des chronomètres, des pendules architecture très-joliment limées et assemblées ; de même, dans l'exposition suisse, quelques ouvrages de ce genre et aussi d'un fini irréprochable.

La plupart des observations qui précèdent sont également applicables à la *tournure*, dans le cas où il s'agit seulement de précision, de netteté pour l'exécution d'ouvrages d'architecture, de profils à conserver ; plusieurs expositions présentaient une certaine quantité d'ouvrages de ce genre pouvant soutenir hardiment la comparaison avec les nôtres.

Mais dans les spécialités où la combinaison des lignes, la connaissance du dessin d'architecture deviennent nécessaires, quand à la fermeté de la main, à l'intelligence des enclavages, l'ouvrier doit joindre encore un sentiment général des proportions, des styles, alors, et dans chacun de ces cas, les ouvrages français peuvent réclamer hautement la suprématie.

Dans le tourné repoussé spécialement, où la réunion de ces connaissances est presque indispensable, la supériorité de notre pays est marquée à un degré tel que l'on pourrait dire de cette industrie qu'elle est toute française, tant est peu important tout ce que nous avons vu chez les autres.

C'est par l'emboutissage au mouton et au balancier, et aussi par quelque peu de rétreinte, que l'industrie étrangère remplace nos jolis ouvrages en repoussé sur le tour. L'Angleterre, entre autres, fabrique une très-forte quantité d'objets dans ces conditions : grandes cloches pour les plats, articles de tous genres pour le service de table, qui tous reçoivent leur forme sous le poinçon. Si, pour les ouvrages à lignes simples, unies, le balancier présente un avantage incontestable, on comprend combien ils sont inférieurs à nos jolis repoussés ovales et galbes de toutes proportions au point de vue de l'art, et souvent aussi comme prix de revient, et pour la correction, quand, formés ainsi de coquilles, ou parties rassemblées par soudures, ou bien qui, exécutées d'une seule pièce, portent, dans la combinaison des profils et le relief des ornements, un stigmate fatal, la dépouille de l'estampe.

Bien souvent, à cause de son inhabileté à exécuter une monture convenable, mais aussi et surtout comme moyen plus expéditif, l'ouvrier anglais remplace l'assemblage à froid par le soudage, favorisé qu'il est d'ailleurs par le bas prix relatif du gaz. Le gaz, trop peu employé encore chez nous, devient ainsi entre ses mains un agent vigoureux, continuellement en action pour lever promptement et à peu de frais toutes ses difficultés.

Certainement, s'il faut du soudage, pas trop n'en faut, et nous connaissons les inconvénients, les accidents souvent très-graves résultant du trop grand nombre de détails adhérents à une seule pièce. Nous savons aussi quels ravages, quelle dégradation produit dans les ouvrages ciselés l'action du feu nombre de fois répétée. La fabrication anglaise semble ne se préoccuper que très-peu de tout cela ; aussi soudure de cuivre, soudure d'argent à plusieurs degrés sont successivement mises à contribution en guise de monture. La pernicieuse soudure d'étain surtout est continuellement employée ; tous les ouvrages, orfévrerie ou bronze, en sont empoisonnés, et les morceaux d'art les plus remarquables, les plus riches, n'échappent que bien rarement à cette funeste application.

Mentionnons pourtant, à l'avantage du travail anglais, certain détail d'exécution qui a bien son importance ; c'est, en tant que monture, l'exclusion presque complète du fer : filets, vis, écrous, dans les ouvrages en bronze comme dans ceux en melchior, sont de cette dernière matière presque toujours, ou bien en cuivre, et, ce qui est un mal, les filets bien souvent soudés à la pièce.

Mais, comme nous l'avons établi en commençant, tout cela passe invisible dans un examen superficiel comme a dû l'être le nôtre. Pour apprécier convenablement un travail de montage ou de tournage, il faudrait pouvoir examiner les pièces de près, les visiter à l'intérieur, les démonter même; hors de ces conditions et excepté dans le cas de défectuosités choquantes, on ne saurait faire plus que conjecturer et juger par hypothèse.

ORFÉVRERIE.

Maintenant, voyons sommairement chacune des spécialités de produits : à propos de l'orfévrerie et après ce qu'on en a lu déjà, et pour d'autres raisons encore, il semble que nous avons peu à nous arrêter; nous sommes d'avis que les points de vue différents d'où sont envisagées les questions ne peuvent qu'aider à leur bonne solution; et puis, comme il est bon que les opinions divergentes soient entendues, nous croyons donc devoir dire aussi un mot à ce sujet. On a dit et répété, et bien à tort, selon nous, dans nombre de comptes-rendus, que sur ce terrain l'Angleterre est pour nous une rivale redoutable. Plus qu'aucune autre, il est vrai, son exposition nous présente une quantité énorme de pièces extrêmement importantes, il a été dit déjà aussi dans la première partie de ce travail comment et dans quel but s'obtient tout cela, -- affaire de spéculation et de capitaux. -- Mais, à notre tour, nous posons la question suivante : Le marché français, qui, à la vérité, demande peu d'ouvrages en argent pour la consommation nationale, va-t-il se pourvoir en Angleterre? achète-t-il un seul objet d'art chez ceux qui voudraient se donner comme nos rivaux en ce genre de fabrication? Non, il ne leur en prend aucun! Bien plus, l'atelier parisien continue à leur fournir et ses produits, malgré les droits de douanes, et des artistes et des ouvriers, pour exécuter toutes leurs œuvres capitales et donner le ton à leur fabrication courante. Cette prétendue rivalité ou concurrence industrielle est donc purement artificielle; tout ce fracas, tout cet étalage, toute cette masse de grandes pièces, boucliers, vases, groupes, etc., sont ou des testimonials, œuvres créées pour une circonstance donnée, ou bien des ouvrages entrepris en vue d'obtenir des médailles au grand concours international, mais de modèles pour la fabrication normale, absence totale. Enfin, tout cela est obtenu à un prix de revient fabuleux et a tout bonnement pour objet, d'abord, une certaine satisfaction de vanité nationale, puis de recommander la fabrication courante, qui est très-inférieure.

Il faut le reconnaître, à côté du genre français, qu'elle cultive à très-grands frais, l'orfévrerie anglaise peut présenter comme siens ou à peu près une quantité énorme d'objets argent ou melchior, tels que candélabres, coupes, vases, etc., comme nous venons de le dire, la plupart d'un goût et d'une exécution très-médiocres.

Ce que, à notre avis, elle présente de plus remarquable comme ouvrages de cette catégorie, sont ceux destinés à l'usage de la table, les services à thé entre autres, qui à une gravure très-jolie le plus souvent réunissent encore une beauté de formes et un fini d'exécution qui ne laissent rien à reprendre. Bon nombre d'ouvrages du même genre, en melchior la plupart, figuraient aussi dans les expositions hollandaise, autrichienne, allemandes; comme ceux anglais, ils nous ont paru dans d'assez bonnes conditions d'exécution, soit à l'embouti, soit au repoussé.

Mais, sortant de l'orfèvrerie, qui n'est guère notre lot, nous ne pouvons résister pourtant au désir de mentionner certain petit article de l'exposition chinoise que nous n'avons vu signalé nulle part. C'est une coupe provenant du tant fameux *Palais d'Été*, palais, comme on sait, saccagé, dévasté par les barbares soldats européens. Le couvercle en or, décoré d'une fine petite ciselure, est adapté pas trop mal au corps du vase; celui-ci, de forme un peu ovale, est d'une matière opaque ressemblant assez à la corne ou à l'ivoire terne, très-joliment lissé et poli toutefois. Examinant de près cette teinte douteuse, à certain dessin bien connu des anatomistes on découvre que Sa Majesté le cousin du Soleil a fait monter si richement quoi? Un crâne humain!

BRONZE

Nous l'avons dit en commençant, nous n'avons pu faire que quelques visites au Palais international. Dans la circonstance, comprenant qu'il n'en était pas comme d'une Exposition purement française, où la compétition, la comparaison ne s'établissent qu'entre industriels et entre produits français, à notre grand regret, nous nous sommes résignés à ne donner qu'une attention restreinte, sommaire, au travail national, à des ouvrages de nos mains quelques-uns, ou dont nous connaissons suffisamment la facture, réservant ainsi la plus forte partie de notre temps, déjà bien trop court, pour l'examen des contributions étrangères. D'ailleurs, relativement à d'autres, nous nous trouvions, à cet égard, dans une situation exceptionnellement favorisée, puisque, de l'avis de tous, notre exposition de bronzes était d'une supériorité incontestable; nous n'avions donc qu'à la prendre comme étalon et base de nos appréciations.

Toutefois, comme remarque générale, avant de passer outre, avant d'aller chez les étrangers chercher ce qu'il y a à comparer à ces pièces magnifiques, à ces ouvrages grandioses, avant de quitter ces étalages à étagères si riches, si chargées d'objets d'art parfaits de style, de goût comme d'exécution, nous devons signaler la négligence blâmable de certains industriels français dans le travail d'œuvres d'art, d'ailleurs très-remarquables. Ainsi, à côté de pièces d'un grand mérite comme exécution, nous en avons vu nombre d'autres d'un négligé de travail déplorable et indignes de figurer à une Exposition.

Dépendants que nous sommes, nous devons taire les noms; notre situation ne nous permet pas de départir l'éloge ni le blâme aux industriels et aux maisons. Si impartiaux, si consciencieux qu'ils fussent, nos jugements n'en seraient pas moins entachés de suspicion !...

L'Angleterre, comme on sait, est le pays qui, après nous, a exposé le plus de beaux bronzes d'art bien traités et, jusqu'à un certain point, capables de soutenir la comparaison avec les nôtres. Mais on sait également que presque tous ont été exécutés par des ouvriers français et à un prix de revient triple au moins de celui de leurs similaires parisiens.

La trop grande brièveté du temps dont nous pouvions disposer ne nous a pas permis de nous assurer toujours si les rares spécimens que nous rencontrions çà et là portant le cachet du travail français n'étaient pas, comme ici, l'œuvre de mains françaises à l'étranger ou tout simplement des ouvrages exécutés ou achetés à Paris, comme nous avons tout lieu de le croire pour plusieurs d'entre eux. Et, à cette occasion, nous nous permettrons d'ouvrir une parenthèse.

Le jury international a-t-il eu raison en maintenant encore une fois ce principe absolu : *le pavillon légitime le produit*, et de s'interdire toute recherche d'origine de provenance des ouvrages exposés? C'est là une question que nous n'avons pas la prétention de trancher. Pourtant nous prendrons la liberté de faire remarquer humblement que, sans courir le risque de s'égarer dans des recherches inquisitoriales de paternité, à notre avis, il eût été aisé de prendre quelques mesures contre des fraudes faciles à reconnaître bien souvent, fraudes pratiquées sur une échelle assez large par les industriels anglais? Il eût été aisé, ce nous semble, de faire rendre à chacun ce qui lui appartient. En attendant que justice se fasse, et sous le bénéfice des réserves qui précèdent, il faut nous conformer à la décision de messieurs du jury ; et, que les bronzes qu'elles contiennent soient français ou non, il faut accepter les expositions étrangères telles qu'elles se comportent.

En conséquence, nous dirons donc que nous avons rencontré aussi quelques statues, quelques bronzes d'art et d'ameublement en Autriche, en Allemagne, en Belgique, en Russie, etc., traités assez convenablement, mais nous n'y avons rien remarqué qui exige que nous nous en occupions plus au long pour l'instant.

LUSTRERIE

Comme lustrerie et appareils d'éclairage au gaz ou à la bougie, nous avons examiné en divers endroits un nombre assez considérable d'ouvrages, dont quelques-uns très-importants et très-remarquables aussi par le bon goût de la composition et la supériorité de l'exécution, mais la grande masse très-défectueuse sous tous rapports.

Il serait trop long d'en faire ici la nomenclature; contentons-nous de signaler la Prusse, l'Autriche, la Belgique et l'Angleterre comme les pays qui en ont exposé le plus.

Une mention particulière est due cependant aux lustres allemands (porcelaines et verres peints), ainsi qu'à d'autres en cristal, avec double disposition bien entendue pour bougies et gaz. Ces derniers nous ont paru ne laisser rien à désirer, soit comme travail de montage et de tournage, soit pour la distribution et la conduite du gaz dans les branches en cristal.

Citons aussi une autre exposition viennoise, collection riche, variée et très-considérable de lampes à huile, toutes d'une grande élégance de formes et très-bien exécutées comme tournage.

PARTIE D'ÉGLISE

Après la France, qui en ce genre aussi est souveraine, et qui était largement représentée par des ouvrages de toute espèce et de toute proportion, lustres et candélabres, lutrins et chandeliers de tous styles, reliquaires, etc., c'est encore l'Angleterre qui présentait les ouvrages le mieux traités. Parmi nombre de pièces assez négligées il s'en rencontrait plusieurs, dont un lutrin, des lustres, des chandeliers, où il n'y avait que bien peu à reprendre comme travail de tour et de lime.

Le style gothique paraît cultivé là assez heureusement et presque à l'exclusion de tout autre.

Mais c'est ici le lieu d'en faire l'observation, soignés ou non sous ces divers rapports, les ouvrages anglais, la cuivrerie comme le bronze et l'orfévrerie, dans toutes leurs parties unies, presque toujours reçoivent un poli d'une perfection admirable.

Comme il a été déjà dit, la spécialité où le travail anglais se rapproche le plus du nôtre, celle où il excelle, sont les ouvrages à architecture, les pièces unies, limées ou tournées. Son grand triomphe, sans aucun doute, est ses cheminées à foyers, ouvrages magnifiques où le bronze doré, s'alliant au fer et au marbre, d'un poli si parfait, forme avec eux un ensemble d'un éclat éblouissant.

Qu'on ne prenne pas le change pourtant, *triomphe* ne veut pas dirc ici *supériorité* sur notre propre travail. La différence de destination fait qu'il n'existe entre les ouvrages des Anglais et les nôtres que très-peu de rapports, de termes de comparaison. Le foyer et le *fender*, ou garde-feu anglais, combinés en vue du chauffage par le charbon de terre, diffèrent essentiellement de nos cheminées et de nos galeries, destinées à un combustible d'une autre espèce. Et certes, les ouvrages magnifiques, les chenets si riches que nous avons eu lieu d'admirer dans la salle française sont bien supérieurs à tout ce qui se rencontrait ailleurs.

SERRURERIE ET CUIVRERIE

La grande serrurerie en fer et cuivre, coffres-forts, ouvrages de cuivrerie pour le bâtiment et divers autres emplois, tous d'une richesse très-grande, sont aussi traités en Angleterre avec un soin et une netteté que, au jugement des délégués spéciaux, reçoivent rarement nos ouvrages de même nature. Il faut ajouter pourtant que, pour plusieurs de ces spécialités, on n'a pas été à même d'établir de comparaisons, attendu que, par des motifs que nous ignorons, nos industriels en ce genre n'avaient rien envoyé.

ROBINETTERIE

La supériorité de l'exécution dans la robinetterie, soit pour le gaz, soit pour machines à vapeur, a fixé aussi l'attention de nos collègues tourneurs. Ils sont d'avis que, pour la beauté de l'alliage, la pureté de la fonte, et comme tournage, poli, netteté, tout est d'un fini que nous n'égalons pas.

Mais, comme dans d'autres cas, ici encore se représente la question du prix de revient, question que, faute de temps et de renseignements, nous n'avons pu résoudre. Toutefois, nous inclinons à croire que, si, d'une part, le travail en grand, favorisé par les machines chez eux plus puissantes et plus nombreuses, si, par la force des capitaux accumulés, nos rivaux obtiennent quelque supériorité sur nous, d'un autre côté, le taux de la rétribution chez eux, aussi de beaucoup plus élevé, compense largement cet avantage.

ALUMINIUM ET BRONZE D'ALUMINIUM

L'aluminium et ses composés étaient avantageusement représentés par plusieurs maisons françaises. A en juger par ses débuts, ce nouveau venu dans la famille des métaux précieux promet d'y faire merveille.

Dans deux maisons anglaises seulement nous avons remarqué une certaine quantité de jolis ouvrages capables de soutenir la comparaison avec ceux de nos compatriotes. Mais ajoutons bien vite ici encore que, comme dans l'orfévrerie et le bronze d'art de cette même fabrique anglaise, — car tout a été établi par les mêmes mains, — c'étaient là des travaux exécutés uniquement en vue de l'Exposition et presque entièrement français : modèles de bon goût créés par des sculpteurs français, exécutés par des ouvriers français, tout a été emprunté à l'atelier français, même le métal, la soudure et jusqu'aux moyens de travail, un ouvrier étant venu à la fabrique de M. Morin, spécialement envoyé pour les recueillir.

Nombre de fois nous avons entendu dire, nous avons lu même quelque part, qu'on ne saurait parvenir à souder l'aluminium ; qu'une récompense de 25,000 francs est promise à qui découvrira la précieuse soudure, etc. Autant d'affirmations erronées. Non-seulement la découverte est faite, mais encore elle est déjà divulguée. Les esprits rebelles à la persuasion peuvent s'assurer du fait en s'adressant à l'inventeur, M. Mourey, qui, sans aucune récompense reçue, ni même promise, et avec un désintéressement aussi louable que rare, s'est dessaisi de son secret, autant qu'il lui a été possible, le livrant à tous les vents de la publicité orale et écrite. Ajoutons encore que cette soudure est solide, ductile et malléable assez pour supporter le planage, l'emboutissage ainsi que le tirage au banc.

BRONZE COMPOSITION ZINC

Il y a onze années, en semblable circonstance, nous promettions au *bronze-composition* les succès les plus grands. Sans se préoccuper des prédictions aussi infatigables que peu vérifiées de ses détracteurs annonçant depuis tant d'années sa ruine imminente, et pour toute réponse, le zinc continue sa marche ascendante, agrandissant son domaine, réalisant, dans sa fabrication, des progrès inouïs, inespérés ; aujourd'hui ciselé, doré, soigné enfin dans l'exécution souvent à l'égal du bronze lui-même, et au point de tromper un œil exercé.

L'Exposition française présente, en ce genre, une forte quantité d'objets de toutes proportions : statues, candélabres, architecture, groupes et petits sujets à l'instar du bronze, le tout dans de très-bonnes conditions d'exécution.

Quant à l'étranger, c'est dans les expositions allemandes que nous en avons remarqué le plus ; mais, à part quelques pièces belges passablement traitées, nous n'avons rien vu de comparable aux produits français dans le genre d'art et de fantaisie, et de même que pour le bronze proprement dit, la France pour un long temps à venir semble assurée de conserver le monopole de cette industrie.

Maintenant, cet envahissement du bronze imitation est-il un bien ? Nous inclinons à l'affirmative ; mais ce n'est pas ici le lieu d'examiner la question. Constatons seulement que, entre les résultats matériels très-considérables comme somme de richesse produite par cette branche d'industrie, sans compter la grande impulsion imprimée par elle à la modelure, à l'horlogerie et à quantité d'autres spécialités très-importantes, on doit lui savoir gré encore pour son grand concours au développement et à la diffusion du goût, pour la somme de jouissances artistiques qu'elle procure à une classe très-nombreuse de consommateurs, qui autrement en fût restée à peu près privée.

Des préventions analogues à celles qui existent contre le *bronze imitation* se sont manifestées aussi à l'égard de la *galvanoplastie*, qui ne s'en trouve pas plus mal. L'Angleterre est presque le seul pays qui ait donné des spécimens un peu considérables d'ouvrages de ce genre. Bien qu'un peu inférieurs à ceux de la grande maison qui chez nous et dans toute l'Europe, pensons-nous, possède la suprématie sur ce point, il faut une expérience personnelle assez grande pour établir une différence entre ces produits et ceux français de même nature.

RÉSUMÉ

Nous voici arrivés bientôt à la fin de notre exposé de recherches et d'observations, tâche remplie bien imparfaitement, nous le savons; mais, nous le répétons encore une fois, notre étude n'a pu être que très-superficielle, et un bon nombre d'objets importants ont dû échapper à une investigation aussi précipitée.

Maintenant, en considérant dans leur ensemble nos remarques et nos déductions, on reconnaîtra avec nous , pour notre industrie, une supériorité imposante, supériorité dont le travail des autres nations n'approche que sur un très-petit nombre de points de détail sans grande importance.

Quoi qu'on en ait dit et écrit, la fabrique anglaise en tant que bronzes d'art est insignifiante. A Londres même, en exceptant deux maisons, qui fondent quelques rares grandes pièces, elle est limitée à la production de certaines parties d'ornement, — généralement traitées au plus mal,— pour garnitures de porcelaines et pour applications sur meubles. Il s'y fait aussi une petite quantité d'appareils à gaz, lourds pour la plupart et d'un goût bizarre qui ne saurait devenir contagieux, et puis encore un peu de grande cuivrerie pour bâtiments, devantures, intérieurs de magasins, etc. Cette dernière spécialité est beaucoup plus riche et mieux traitée qu'à Paris, il faut le dire, mais elle est aussi énormément plus coûteuse.

La fabrication en grand de l'orfévrerie melchior et de la cuivrerie, les spécialités de lits en cuivre et fer, des lustres et appareils à gaz et suspensions de tous genres, la galvanoplastie, l'estampage en général, sont presque entièrement concentrés à Birmingham; mais un très-petit nombre de ces ouvrages sont d'un goût et d'une exécution passables. En tant que bronzes

portant le cachet artistique français, la maison Elkington seule
en édite donc quelques spécimens très-peu nombreux, attendu
qu'ils se vendent peu, à cause de leurs prix de revient fabuleux,
et bien que les sujets soient empruntés à l'histoire nationale,
aux chroniques et aux légendes les plus populaires dans le pays.
Il y a loin de là, on en conviendra, à une industrie assise, vi-
vace, et, à plus forte raison, à une concurrence sérieuse.

Nous le répétons une dernière fois, toute cette production artistique est, en outre, d'importation française ; toutes ces
grandes pièces d'orfévrerie, tous ces beaux bronzes sont presque
uniquement l'œuvre de sculpteurs nos compatriotes, appelés à
cette intention : MM. Salmson, Party, Debut, Aristide Veillot,
Lussereau, Toussaint, Ingres, etc. Directeur et exécutant, Jean-
nest, mort à la tâche, commença et mena fort avant cette série
de belles créations, que continue aujourd'hui M. Wilms, et aux
noms des artistes et des ouvriers coopérateurs cités par notre
collègue, nous pourrions en ajouter plusieurs encore, ciseleurs
ou autres, qui, comme MM. Victor Lebeau, Paul Lefèvre, René
Rigolet, Douin, Benoît Reusse, etc., pourraient réclamer leur
quote-part de concours dans l'interprétation ou l'exécution de
chacun de ces jolis modèles, dans les riches ouvrages qui ont
illustré cette maison.

Encore une fois, c'est là de l'industrie nationale purement fac-
tice, et nous en parlons en toute assurance.

Il faut ne point se laisser éblouir. L'exploitation sur une grande
échelle par la galvanoplastie d'une riche collection de modèles,
boucliers, armures, etc., puis la fabrication, très-considérable
aussi, d'ouvrages estampés pour le service de table, quelque
peu de melchior fondu en candélabres, etc., voilà les spécialités
qui alimentent son activité commerciale.

Résumons. Que l'on nous montre dans la fabrication anglaise
de bronzes, non pas des pendules ou des candélabres, — il ne
s'y en rencontre pas, — mais seulement quelques groupes, quelques bronzes qui n'aient pas été exécutés par des mains françaises. Impossible. Nous allons trop loin : le Royaume-Uni peut
bien compter sur toute sa surface dix ou douze ouvriers natio-
naux (élèves de Français) capables d'exécuter un bronze convenable.

Enfin, pour faire comprendre l'impuissance et la pénurie de
l'atelier anglais, il suffira de dire que, présentement et pour
l'exécution d'une œuvre importante (œuvre nationale entre
toutes, le monument funèbre du prince Albert), c'est à une
grande maison de Paris que l'on a été contraint de recourir; ce
sont nos camarades qui, à la grande mortification des Anglais,

devront aller exécuter sur place les ouvrages de bronze qui entrent dans la décoration de l'édifice! Et il faut connaître le degré de sensibilité de la fibre patriotique de nos voisins d'outre-Manche pour se former une idée de l'humiliation qu'ils en ressentent.

CONDITION DES OUVRIERS ANGLAIS

La grande brièveté de notre séjour à Londres ne nous a pas non plus permis de nous procurer les renseignements désirables et relatifs à la situation des ouvriers étrangers; tout ce que nous allons en dire se rapporte donc uniquement à l'Angleterre.

La féodalité industrielle anglaise est d'une avidité au gain et d'une âpreté à rançonner le travail qui nulle part ailleurs n'est dépassée. Mais, refrénée dans ses appétits par une aristocratie habile et prévoyante, elle se trouve ainsi contrainte d'accorder à ses serfs une somme de liberté et de bien-être de beaucoup supérieure à celle dont nous jouissons ici.

Ainsi, la rétribution de l'ouvrier anglais, en moyenne, est de 25 pour 100 plus élevée que la nôtre! Le prix des denrées, des objets de consommation de toute nature étant, en somme, le même qu'à Paris, il en résulte que la vie matérielle est à Londres de beaucoup supérieure. D'un autre côté, pour les six journées de la semaine, on ne fournit guère au delà de cinquante-cinq heures de travail effectif; c'est-à-dire que la durée de la journée est de neuf heures et demie à dix heures en temps régulier.

Pour l'ouvrier des fabriques, la semaine commençant le lundi matin est terminée le samedi, non pas comme chez nous, le soir un peu plus tard que d'ordinaire, mais dans l'après-midi, entre une heure et quatre heures, selon les habitudes de chaque maison. Il peut donc disposer et de cette fin de journée et du dimanche tout entier pour ses propres affaires, son instruction, son repos et ses distractions.

C'est à huit heures, en toutes saisons, que la plupart des industries commencent la journée. Quoi qu'en disent nos économistes, officieux ou officiels, tous avocats intéressés à nous présenter comme repoussoir l'état désavantageux de l'ouvrier en Angleterre, l'homme, la femme et l'enfant, dans la manufacture, sont protégés par une réglementation sévère, minutieuse, surtout à l'égard du dernier, réglementation qui le préserve de l'excès de travail et de tout mauvais traitement.

Chaque apprenti, selon son âge et le temps d'apprentissage accompli, reçoit une rétribution hebdomadaire dor.t le montant minimum est fixé. De plus, ses services ne sont pas obligatoires pour tout le personnel d'un atelier; l'ouvrier auquel il est confié peut seul disposer de son temps, seul il a le droit de le commander et est chargé de l'enseigner. Ajoutons encore que très-rarement le nombre des apprentis égale celui des ouvriers,

Il va sans dire que là-bas comme ici les économistes du *laisser faire*, M. Bright lui-même, autant qu'ils l'ont pu, ont combattu toutes ces mesures bienfaisantes, au nom de la liberté du travail, — absolument comme les planteurs du Sud aujourd'hui défendent la liberté de garder des esclaves! — On a passé outre, et jamais, depuis leur mise en vigueur, l'industrie anglaise n'a connu des jours plus prospères; jamais la population ouvrière n'a joui d'une somme de bien-être aussi grand !

Malgré la prétendue égalité dont on se prévaut tant ici, il n'existe pas, croyons-nous, dans la législation anglaise, de dispositions équivalentes à celles qui, chez nous et en plus d'un cas, infériorisent le domestique au maître, l'ouvrier au patron. D'un autre côté, il n'y a pas non plus de loi qui interdise aux travailleurs de concerter leurs efforts pour la défense de leurs intérêts, et aussi longtemps que leur opposition ne se traduit pas en voies de fait, en actes de violence relevant de la loi commune, les *trade-unions*, ou unions de métiers, sorte de sociétés de résistance, restent parfaitement libres dans le choix des moyens qui, pour atteindre leur but, leur semblent préférables.

Ce que nous venons de dire de la condition des ouvriers anglais est un simple parallèle que nous avons voulu établir, et nous n'avons pas songé à le donner, on le pense bien, comme modèle à suivre ou idéal à réaliser. Assurément, tout n'est pas pour le mieux chez nos voisins, mais nous pourrions nous étendre très-longuement à énumérer les points, encore nombreux, par lesquels ils nous sont supérieurs. On voudra bien pardonner cette prétention à qui a des raisons *très-positives* pour se prétendre bien informé.

Les délégués tourneurs,

Courtois, Cussac, Liot.

Les délégués monteurs,

Leroux, Malarmet, Raymond.

CONCLUSIONS

L'industrie du bronze occupant, comme nous l'avons vu, une situation prééminente, incontestée, ses produits, de l'avis de tous, moins chers et de tous points supérieurs, partout préférés, recherchés sur les marchés étrangers, d'où provient donc l'état de malaise, de stagnation si fréquente d'une branche de travail qui, entre toutes, devrait être active, florissante? Comment se fait-il que la grande masse des travailleurs qu'elle emploie vivent dans une condition précaire, sinon malheureuse?

Le chômage si fréquent, le taux peu élevé de la rétribution ne pouvant être attribués aux nécessités de la concurrence étrangère, nulle ou à peu près, et la surabondance des bras ne pouvant non plus guère être alléguée, puisque dans les moments d'activité le personnel devient insuffisant, c'est donc à la mauvaise organisation de la fabrique nationale, à son état d'anarchie, à la production désordonnée qu'il faut en demander compte.

Autant pour l'acquit de notre conscience que pour satisfaire au paragraphe 3 de nos instructions, et bien convaincus d'ailleurs que c'est moins au mauvais vouloir qu'à l'organisation défectueuse qu'il faut l'imputer, nous allons exposer les moyens à notre avis les plus propres pour remédier à un état de choses aussi déplorable.

Ici, nous parlerons à un point de vue général, parce que nous exprimons un vœu très-largement partagé.

Nous pensons qu'un peu d'ordre et un peu de justice s'établiraient immédiatement dans la Production, et cela sans détriment pour le Consommateur si, à l'égal du Capital et pour traiter avec lui, le Travail avait la faculté de combiner son action et de refuser son concours quand les conditions du contrat deviennent injustes, léonines.

Non, les conditions ne sont pas égales entre le travailleur isolé offrant ses services et le Capital collectif qui les marchande! Si, pour défendre ses intérêts, il lui est impossible de concerter ses efforts; si l'action collective lui est interdite, le Travailleur est livré, pieds et poings liés, à son compétiteur, qui, bien souvent, ivre de ses succès et s'égarant dans ses calculs d'égoïsme aveugle, ne sait user de ses avantages que pour fomenter dans son propre camp, parmi ses champions, une guerre cruelle, désastreuse pour tous!

Non pas, qu'on le sache bien, que nous réclamions la faculté de coalition, de cette coalition confuse, désordonnée et le plus souvent stérile et ruineuse! Nous savons parfaitement que personne n'a plus que nous à perdre à ce genre de guerre, que toujours l'ouvrier y est victime. Et c'est précisément pour en prévenir le retour, pour qu'elle devienne désormais inutile, impossible, que nous réclamons un autre moyen pour faire valoir les droits du Travail contre l'avidité du Capital. *Ah! diront certaines personnes, nous savons ce que vous voulez, c'est la reconstitution des Corporations; mais, sachez-le, les Corporations ont été abolies, et elles ne doivent pas être rétablies. Dans le passé, elles furent une entrave au développement industriel, aujourd'hui elles seraient funestes tout à la fois et aux Travailleurs et à l'Industrie!... On n'en veut plus!*

Pas de confusion. Il ne sert à rien de nier l'évidence, il ne sert à rien de nier les Corporations quand leur existence se révèle en toute circonstance, et le fait même de notre mission à Londres en est la preuve incontestable. Nous avons été envoyés là, et nous parlons ici au nom des Corporations! Donc, les Corporations existent, à l'état latent, inorganique, si l'on veut, mais enfin elles existent, et elles continueront d'exister, tout simplement parce qu'elles sont nécessaires.

Nous le demandons à toute personne de sens, au lieu de fermer ainsi obstinément les yeux à la lumière, au lieu de refuser aux Corporations la juste part d'action qui leur revient dans l'organisme social, et cela au risque de les voir la revendiquer à un moment donné, soudainement, avec fracas et au grand détriment de tous, ne serait-il pas plus sage de les reconnaître et de leur ménager dans la législation la part d'importance qui leur appartient, une place équitable enfin?

Et puis, qu'on ne s'y trompe pas, loin de nous la pensée de

reconstruire l'ancienne Corporation, la Corporation privilégiée, égoïste, si heureusement brisée par nos pères; bien au contraire, nous demandons à continuer leur œuvre dans la mesure de nos forces. En 1789, nos pères, dont, fils pieux et reconnaissants, nous vénérons la mémoire et admirons le courage si grand, nos pères n'ont pu agir qu'en raison de la science économique acquise à cette époque. En abattant les vieilles formes aristocratiques, en abolissant jurandes et maîtrises, ils crurent l'œuvre accomplie. Confiants dans la Liberté conquise, ils se reposèrent sur elle du soin d'établir des rapports équitables entre le Travail et le Capital; mais depuis, par le malheur des temps, au lieu des mesures d'équité espérées, pour l'un les entraves sont venues, tandis que l'autre aurait fait continuellement son domaine et sa puissance.

Ce n'est donc pas le rétablissement des Jurandes ni celui de la Corporation fermée, telle qu'elle se rencontre encore dans nombre de professions, de fonctions privilégiées, que l'on poursuit ici, — et nous invitons de nouveau nos contradicteurs à vouloir bien le remarquer, — mais la Corporation réformée, ouverte, accessible à tous. En somme, on a en vue tout simplement de former dans chaque profession une organisation analogue à ce qui existe déjà dans quelques-unes dites *libérales*, en y instituant un centre administratif et en établissant entre les travailleurs qui la composent, au moyen de devoirs et de droits communs, une certaine solidarité d'intérêts qui soit un frein aux désordres déplorables de l'exploitation capitaliste abandonnée à ses appétits féroces et insatiables. Comme cela est généralement compris, ce centre corporatif, qu'il se nomme *commission professionnelle* ou autrement, ce centre destiné, comme les *conseils de prud'hommes*, à un rôle amiable, serait élu par les ouvriers, ainsi que cela se pratique déjà pour ces mêmes conseils, et de concert avec un autre analogue, élu de même par les patrons; ils auraient ensemble mission de déterminer, sous condition de sanction par l'autorité centrale, les bases pour la fixation des prix de main-d'œuvre, pour les conditions du contrat d'apprentissage, les règlements d'atelier, etc. Enfin la fonction de ce nouvel agent serait de veiller aux intérêts généraux de la Corporation, exerçant sur elle, relativement aux conditions du travail, une sorte de juridiction.

Mais nous entendons les fervents du *Laisser-faire* se récrier et protester au nom de la Liberté ! Nous le demandons à toute personne non prévenue, parce que le Capital se trouverait un peu contenu, entravé dans ses accès de production avilie, désordonnée, y aurait-il donc là une atteinte à la liberté industrielle sainement comprise ? Quand il rançonnerait un peu moins le Travail ; quand, dans la répartition des produits, ses droits seraient un peu contrôlés, ses prétentions restreintes ; quand la loi barbare de *l'offre et de la demande* cesserait d'être prise pour base unique, absolue dans l'évaluation de la rétribution du travailleur, y aurait-il donc à cela un dommage réel ? Nous ne le pensons pas. Que si on est d'un avis différent, nous demanderons encore : Le travailleur de l'industrie est-il donc un paria dans le travail social ? Est-ce que, pour la rémunération de ses services, il ne peut en être de même que pour ceux des employés, des fonctionnaires publics de toute classe ? Est-ce que les *besoins légitimes*, tout au moins, ne sauraient être, pour lui aussi, admis comme éléments d'estimation ?

Si oui, il faut être conséquent, il faut se déclarer nettement disciple de Malthus, demander la suppression des conseils de prud'hommes et de toute réglementation qui entrave la liberté industrielle entendue à la façon de ces bonnes âmes ! Chaque jour ces messieurs, apologistes plus ou moins officieux et désintéressés, nous convient dans leurs journaux à nous féliciter avec eux de la puissance continuellement croissante du seigneur Capital, nous parlant de crédit à bon marché, etc. Pour eux, très-bien, ils en recueillent les bénéfices, mais pour les ouvriers c'est tout différent. Le crédit à l'ouvrier isolé, dérision ! On ne prête qu'en présence de garanties de solvabilité : c'est élémentaire. Quant à nous, nous le disons bien haut, aussi longtemps que manquera le lien que nous indiquons, et sans méconnaître la somme de bien qu'elles produisent, *caisses de secours, de retraites, de crédit, de prêt*, resteront un simple palliatif, n'opérant que faiblement et au bénéfice de minorités infimes. Et à mesure que le Capital, suivant sa tendance naturelle, continuera son mouvement d'agglomération, et malgré la bienveillance personnelle de ses agents, les travailleurs, eux, deviendront fatalement ses instruments de plus en plus asservis et souvent plus malheureux !

Mais reprenons notre sujet. La mesure de réforme que nous venons d'indiquer, mesure pouvant être appliquée facilement, et qui, nous en avons la conviction produirait un bien considérable, cette mesure enfin, tout importante et si désirable qu'elle soit, n'offre à nos yeux, nous avons hâte de le dire, qu'une valeur relative et purement transitoire. Le véritable remède aux misères de la grande masse ouvrière, le seul qui, parant aux fluctuations si malfaisantes de *l'offre* et de la *demande*, puisse prévenir l'encombrement et par suite la stagnation du travail, ce remède unique, seul efficace, disons-nous, c'est la possession en commun des instruments de travail par les travailleurs; en un mot, c'est l'Association dans la production, c'est l'Association s'étendant, se généralisant, embrassant dans leur ensemble tous les modes, toutes les manifestations de la mutualité, en un mot remplaçant l'antagonisme par la solidarité des intérêts. Oui, par elle, et uniquement par elle, par l'extinction graduelle du capital usuraire, des intermédiaires parasites, les travailleurs obtiendront non-seulement la sécurité contre les accidents de toute nature dans l'âge actif et pour la vieillesse, mais encore le bien-être, la richesse même en tout temps, et de plus, entre égaux la dignité et l'indépendance désirables.

D'un autre côté, considérée au point de vue de l'utilité collective, par la concentration des instruments de travail et la réunion des aptitudes, des connaissances, l'Association est seule capable d'accroître régulièrement la production au profit de tous, en substituant l'émulation fécondante à la concurrence ruineuse. Seule elle peut donner à l'industrie tous les développements et lui faire atteindre la perfection artistique qu'elle comporte. Enfin elle est aussi pour le travail national la garantie la plus sûre contre la concurrence étrangère; contre les formidables sociétés capitalistes anglaises, le moyen le plus efficace pour assurer notre suprématie et les rendre à jamais impuissantes contre nous.

Assurément si nous avons jugé utile de remettre en lumière la question de l'Association, le lieu serait ici mal choisi pour développer une thèse sur ce sujet. Nous ne nous arrêterons donc pas plus longtemps à démontrer l'excellence morale et matérielle de son action, ou à décrire son mécanisme, etc. Cette tâche, très-facile d'ailleurs, a été remplie suffisamment par des économistes célèbres et plus que nous habiles à traiter la question. Et puis, à quoi bon se mettre en frais d'argumentation? Ne voyons-nous pas autour de nous, dans les groupes qui la pratiquent, cette démonstration vivante, palpable?

Toutefois, avant de quitter le sujet, nous avons à cœur de faire justice d'objections plus ou moins spécieuses souvent répétées. *Mais*, disent certaines personnes, *puisque le remède est si simple et qu'il se trouve ainsi à la portée des travailleurs, que ne l'emploient-ils?* Nous répondons: Si l'Association est ainsi négligée, gardez-vous de croire qu'elle n'est pas comprise, goûtée et désirée vivement par bon nombre d'ouvriers. Mais de ce qu'il existe autour de nous des groupes de travailleurs collectivement émancipés, on aurait grand tort de conclure aussi à la facilité d'en constituer de nouveaux. Pour que cette œuvre bienfaisante ait des chances de succès, pour que l'Association se fonde, s'étende et prospère, il est nécessaire que le soleil de la Liberté éclaire l'horizon, qu'il pénètre les institutions de l'esprit de justice ; il faut que, dissipant les ténèbres de l'égoïsme, il embrase les cœurs du sentiment de fraternité et de dévouement. Oui, malgré l'état de bien-être moral et matériel, si enviable, si manifestement supérieur, des travailleurs associés, l'exemple n'est pas suivi, et depuis onze années aucun groupe nouveau ne s'est constitué. La raison nous l'avons dite : pour une initiative de cette nature, tous les temps ne sont pas également propices, il lui faut les circonstances favorables, il faut aussi la législation en harmonie avec la nature de l'institution, et comme complément, dans certains cas, l'assistance assurée de l'État. Nous insistons, sur ce dernier point. — Et ceci soit dit en réponse à certains publicistes qui, trouvant tout naturel que le crédit et les fonds de l'État viennent en aide à leurs spéculations capitalistes, et cela jusqu'au chiffre de 500 millions avancés et d'une garantie de 4 milliards, doctoralement nous déclarent que nous devons racheter les instruments de travail par nos propres ressources ! Mais nous comprenons que l'émancipation des travailleurs n'est pas affaire d'utilité publique pour les *hauts* barons de l'exploitation capitaliste et qu'elle ne soit pas prise à cœur par les économistes bancocrates ! — C'est donc bien à tort que, s'autorisant de l'existence de celles qui, fondées sous la république de Février, sont parvenues à se maintenir malgré les temps mauvais qu'elles ont traversés et l'état de la législation devenue plus défavorable encore ; c'est bien à tort, disons-nous, que l'on conclurait à la possibilité d'en constituer de nouvelles en ce moment sans droit de réunion, et à l'inutilité de la commandite par l'État. Ce serait là, selon nous, une grande erreur. D'abord la plupart des associations existantes ont participé au crédit de 3 millions alloué dans ce but par la constituante de 1848. Quant à celles beaucoup plus nombreuses qui, offrant les garanties de responsabilité désirables, ont vu pourtant leurs demandes de subvention rejetées par la *Commission* d'Encouragement, — agent beaucoup trop parcimonieux, il faut le dire, des fonds de l'État, puisqu'il est resté de ce crédit un reliquat considérable ; — quant à celles-là, disons-nous, qui éconduites sont parvenues à se soutenir par les seules ressources des participants et au prix d'efforts incroyables, n'oublions pas que, pour une ou deux peut-être qui ont réussi à se maintenir prospères, — et la plus importante aidée encore aujourd'hui par les capitaux de personnes sympathiques à l'œuvre, — cent autres, peut-être, faute d'un peu d'aide de même nature, ou bien n'ont pu se constituer, ou bien, après les sacrifices les plus cruels, ont fini par succomber ! Ce sont toutes ces nécessités, tous ces dangers qui, sentis ou compris par les travailleurs bien disposés, font qu'ils s'abstiennent et attendent !...

Nous résumons donc comme suit : Tout en affirmant que l'Association doit être le fruit de la spontanéité, de la liberté, qu'elle doit résulter de l'initiative des travailleurs, nous soutenons également que c'est le devoir du Pouvoir, de la gérance sociale d'en favoriser l'éclosion et le développement ; que, pour surmonter les obstacles que ne manqueront pas de lui opposer la Routine, les Préjugés, tous les intérêts coalisés du vieux monde économique, et à moins de se résigner à voir les générations et les siècles passer sans amener d'amélioration notable à la situation des masses ouvrières, l'appui du Pouvoir, de la force collective, l'intervention de l'État enfin est nécessaire à l'Association naissante pour s'étendre, se fortifier, pour accomplir l'œuvre si vaste, si laborieuse de l'émancipation des travailleurs. A l'État donc, à l'État bien constitué, bien inspiré, comprenant sa mission, incombe le devoir d'inciter les travailleurs à entrer dans cette voie salutaire, de leur en aplanir l'accès en appropriant la législation pour la formation de ce genre d'institution, en offrant son crédit, ses capitaux aux groupes désireux de se constituer, se réservant pour ceux qui y auraient recours, et uniquement pour la sécurité de ses avances, comme cela se pratique pour les entreprises d'utilité générale qu'il crédite ou commandite, un certain contrôle des opérations, de la marche suivie relativement à l'observation des stipulations consenties dans le contrat.

Mais nous sommes entraînés à la théorie au delà de nos intentions ; un mot pour terminer.

Encore une fois, nous ne disons pas que l'on doit s'abstenir, nous ne soutenons pas que toute tentative est impossible, toute entreprise dans de petites proportions impraticables, même dans le temps présent. Nous ne prétendons pas non plus que la commandite par l'État soit également indispensable à chaque industrie ; mais, — et puissent les faits tromper nos prévisions, — nous sommes convaincus que, — pour celles exigeant des mises de fonds considérables — sans le concours de l'État, — et pour toutes, — sans la liberté de réunion, rien de large, rien de sérieusement important ne saurait être accompli par les travailleurs pour leur émancipation.

Mais, parce que dominés par les circonstances défavorables, faut-il s'abandonner au découragement ? faut-il se reconnaître impuissant, se résigner à une oisiveté stérile? Loin de nous cette pensée, nous avons foi dans la venue de jours plus heureux, jours dont déjà nous croyons voir naître l'aube. C'est actuellement le temps de l'incubation; propageons l'idée, appliquons-nous à devenir des administrateurs, des économistes, afin que, le moment venu, moment peu éloigné peut-être, où l'émancipation des travailleurs surgira, question urgente exigeant une solution immédiate, à l'ordre du jour des événements, nous puissions apporter un concours d'autant plus éclairé, d'autant plus profitable à la cause que tous nous avons à cœur de servir.

Nous terminerons en témoignant notre satisfaction aux corps officiels et aux personnages qui, comprenant leur devoir, ont accueilli et adopté les vues de la Commission ouvrière.

A celle-ci nous devons nos remercîments, tant pour l'initiative qu'elle a prise en formulant le projet des délégations et en le proposant à l'autorité, que pour sa fermeté à défendre et à faire prévaloir le principe de l'élection par voie du suffrage universel corporatif sur celui de la désignation par l'administration ou par les patrons. Nous la remercions aussi pour la constance dont elle a fait preuve en continuant une tâche aussi laborieuse et en l'accomplissant d'une façon aussi méritoire par la publication des rapports.

Nos remercîments sont également dus à la Commission électorale d'initiative du bronze, ainsi qu'au bureau électoral, pour le zèle que chacun a mis à remplir sa mission, en faisant passer le projet du domaine de l'idée dans celui du fait accompli.

De même, nous remercions bien vivement ceux de nos collègues et de nos camarades qui ont contribué à l'entreprise, soit par leur vote, soit par leur concours à la souscription qui a aidé à l'envoi des délégués.

Nous n'oublierons pas les personnes très-nombreuses qui, en Angleterre, nous ont donné une hospitalité si cordiale : d'abord à M. Blanchard-Gerrold et aux dignes travailleurs composant le comité sous sa direction, nous offrons nos remercîments bien sincères pour la sympathie qu'au nom de la population anglaise ils nous ont témoignée de tant de manières, soit en nous remettant les lettres de recommandation qui nous ont fait ouvrir les établissements publics et privés, et où nous avons été accueillis avec une urbanité et une bienveillance parfaites, soit en offrant aux délégués les banquets où ils ont été cordialement fêtés en communion fraternelle avec les délégations d'autres nations ; soit enfin en mettant à notre disposition plusieurs autres moyens d'instruction et de distraction. Malheureusement, la durée du séjour des délégations était trop courte pour les mettre tous à profit; mais nous sommes bien aises de rendre ici ce témoignage : les délégués du bronze ont reçu en cette circonstance, des travailleurs anglais, un accueil dont ils garderont le souvenir et qu'à l'occasion ils espèrent bien pouvoir leur rendre.

Entre tous nos compatriotes qui étaient agents officiels à l'Exposition, nos remercîments sont dus surtout à M. Spiers pour l'empressement et le zèle dont il a fait preuve en nous procurant tous les moyens d'information à sa disposition, et en nous aidant de tout son pouvoir. Lui aussi est un de ceux dont nous garderons le souvenir.

Nous n'avons garde d'oublier ce que nous devons à la presse et aux organes de la publicité qui ont donné leur concours à l'œuvre, aux écrivains qui l'ont soutenue, propagée; qu'eux aussi reçoivent nos remercîments bien sincères pour prix de leurs bons offices.

Enfin, que toutes les personnes qui, de près ou de loin, se sont intéressés à nos efforts et ont contribué au succès de l'entreprise, soient bien assurées qu'elles participent à notre gratitude et à nos remercîments.

Les délégués du bronze :

> Abeille, rue de l'Oseille, 11;
> Courtois, rue Sedaine, 65;
> Cussac, faubourg Saint-Antoine, 199;
> Garnier, rue du Transit, 8;
> Leroux, rue de la Roquette, 140;
> Liot, rue Albouy, 9;
> Mainfroy, rue Pastourelle, 24;
> Malarmet, rue Ménilmontant, 79;
> Mayer, rue du Roi-Doré, 2;
> Raymond, passage des Champs, 16 bis (Belleville).

Juillet 1863.

1323. — Paris, Imprimerie Poupart-Davyl et Comp., rue du Bac, 30.